“抵御外侮——中华英豪传奇”丛书

丛书主编　张海鹏



# 保台首抚

## 刘铭传

余　丰◎著

南京出版传媒集团
南京出版社

**图书在版编目（CIP）数据**

保台首抚刘铭传 / 余丰著. -- 南京 ：南京出版社，2020. 3（2024. 10 重印）
ISBN 978 - 7 - 5533 - 2811 - 9

Ⅰ. ①保… Ⅱ. ①余… Ⅲ. ①刘铭传（1836～1896）—传记 Ⅳ. ①K827＝52

中国版本图书馆 CIP 数据核字（2020）第 033120 号

书　　名　保台首抚刘铭传
作　　者　余　丰
出版发行　南京出版传媒集团
　　　　　南　京　出　版　社
社址：南京市太平门街 53 号　　邮编：210016
网址：http://www.njcbs.cn　　电子信箱：njcbs1988@163.com
联系电话：025 - 83283893、83283864（营销）　025 - 83112257（编务）

出 版 人　项晓宁
出 品 人　卢海鸣
责任编辑　范　忆
封面设计　王　俊　王　敏
责任印制　杨福彬

排　　版　南京新洲印刷有限公司
印　　刷　江苏凤凰通达印刷有限公司
开　　本　787 毫米×1092 毫米　1/32
印　　张　4.75
字　　数　85 千字
版　　次　2020 年 3 月第 1 版
印　　次　2024 年 10 月第 5 次印刷
书　　号　ISBN 978 - 7 - 5533 - 2811 - 9
定　　价　18.00 元

上架建议　教育 · 历史

# 总 序

在中华民族的历史上，沿海倭寇的肆意袭扰，西方列强的坚船利炮，侵华日军的烽火狼烟，一次又一次将中华民族推向生死存亡的边缘，给中华民族带来了深重的灾难与难以磨灭的痛苦记忆。中国从一个封建国家演变为一个半殖民地半封建国家。国运危亡，威胁着每一个中国人。

天下兴亡，匹夫有责。抵御外侮，救亡图存，成为面临外敌入侵、民族危亡时中国人思考的第一课题。也正是在这样的危难时刻，中华民族产生出一个又一个舍生取义、矢志报国的英雄豪杰，他们一回又一回地挽狂澜于既倒，扶大厦于将倾。他们的丰功伟绩，不只是单纯地拯救了某个王朝，某个皇帝，而是拯救了整个中华民族的血脉与希望；正像我们的国歌所唱的那样：把我们的血肉铸成新的长城，他们的奋斗和牺牲，把中国的历史命运一次一次推向一个进步的新阶段；他们的高风亮节，不只是中华儿女景仰、学习的榜样，也是人类不屈不挠、英勇抗暴精神的象征。抗敌御侮的英雄事迹，构成了中华优秀传统的新的篇章。

中华民族没有在外敌面前屈服、倒下，而是在一次一次斗争后走向新生，走向进步。作为唯一延续至今未曾中断过的中华文明不断在成长，中华民族依旧傲然挺立于世界民族之林，中华民族的文化传统，不仅没有消逝在历史长河之中，反而发扬光大，成为造就中国特色社会主义的基本历史因素。

为了歌颂中华英豪的爱国精神，为了纪念中国人民抵御外侮的伟大事迹，为了弘扬优秀的传统文化，南京出版传媒集团·南京出版社推出“抵御外侮——中华英豪传奇”丛书。

这套丛书是面向青少年的普及性读物，聘请各有所长的学者撰写，力图用生动活泼的语言，引人入胜的故事，准确的历史事实，努力展现明清以来各个时期抵御外侮的英雄豪杰的事迹，描绘每一位英豪的成长历程和闪光人生，再现了他们人生的不朽光辉。丛书通过这些在抵御外侮中发挥重大作用的英雄人物，向广大青少年表达了中华民族热爱和平、热爱祖国的家国情怀。

如今，我们正走在中华民族复兴的伟大征程之上，国家发展前程似锦，国际地位日益提高，全世界的目光都在转向中国，可以说，今天的中国距离中华民族复兴的伟大梦想，比以往任何时候都更为接近了。越是在这种时候，我们越是要记住为实现中华民族伟大梦想而奋斗、而牺牲的先烈；在我们昂首阔步走向未来新征程的路上，我们更应该居安思危、以史为鉴。历史已经证明：每一段抵御外侮的历史，都是一段维护正义的历史；每一场抵御外侮的斗争，都是一场维护和平的斗争；每一次抵御外侮的奋斗，都是一次为了实现人民美好生活的奋斗，正义终将胜利，和平终将胜利，人民终将胜利。

“抵御外侮——中华英豪传奇”丛书在传播正能量、弘扬爱国主义情怀的同时，提醒我们，在和平时期，抵御外侮的精神同样不可或缺，抵御外侮的英豪也同样不应遗忘，我们今时今日所有的成就与繁荣，离了这种精神、这些英豪，都是万万不可想象的。

“抵御外侮——中华英豪传奇”丛书，不只是为了缅怀先烈，更是为了激励后人；不只是为了铭记历史，更是为了展望未来。

为青少年编写历史小丛书，是一项崇高的事业。20世纪50—60年代，吴晗主编了《中国历史小丛书》《世界历史小丛书》，对当时的青少年起到了历史教育的奠基作用，事实证明是成功的出版经验。我期待南京出版社继续努力，把这个崇高的事业承担起来，拓展开来。为这个崇高的事业投入人力、物力和财力，是会得到善报的，这个善报，不在多少金钱，而在一代一代具有丰富历史知识的青少年的成长，他们将成为国家的栋梁。

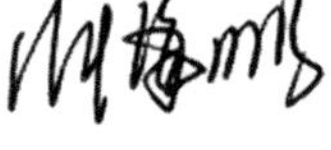

（中国社会科学院学部委员、中国史学会原会长）

# 目 录

# 引　言

假如，时光能倒流回清朝，你愿意做一个泯然众人的平头百姓，还是一位叱咤风云的人中豪杰？

让我们把目光回溯到100多年前的清朝。如果说清朝入关后的前五帝时期属于国势上升期的话，那后五帝时期则处于国势下降期。在这当中，道光至光绪年间，可谓多事之秋。众所周知，道光年间发生了一件改变中国内外政局的大事，这就是鸦片战争。当林则徐虎门销烟的余烟还未散尽，基本完成工业革命的英国人就已摩拳擦掌，对中国发动了侵略战争。

道光皇帝是一个勤勉节俭的皇帝，他也想振兴朝纲，可是能力有限，既缺乏足够的智慧和应变能力，也没有非常的魄力和远见。起初，道光皇帝以为英国人没什么了不起，谁知在英国的洋枪洋炮面前清军竟那么不堪一击。从道光二十年到二十二年(1840—1842)，在三个阶段对中国沿海诸省的进攻中，英军屡屡得手，清军节节溃败。

之后，眼见侵略者一路打到了江宁（今南京），道光皇帝不得不派人议和。随即清廷和英国签订了丧权辱国的《江宁条约》（即《南京条约》），于是割地、赔款，五口通商。中国漫长的封建时代到此为止，接下来便进入半封建半殖民地的近代。

中英签订《南京条约》

此时的清朝统治者，早已失去了当初马背民族剽悍的特性，努尔哈赤、皇太极可能想象不到，他们曾引以为傲的“八旗子弟”，已成为纨绔、没落的代名词。而道光皇帝在此后的八年里也苟且偷安，听天由命，压根儿没有自我反省，总结鸦片战争的失败教训。此时的大清，国力衰败，财政亏空，官场腐败，灾祸频仍，列强觊觎，国内各种势力暗流涌动，伺机闻风而动。

道光三十年（1850），皇帝撑到了自己在位的最后一年，到了正月，终于驾崩，结束了其有心无力的帝王生涯。

这年十二月，一个叫洪秀全的人在广西金田揭竿而起，发动了“太平天国”运动。数年间这支力量发展神速，到咸丰三年(1853)三月，太平军竟然攻克江宁并定都于此，改名“天京”。由此，太平天国成为当时大清境内向清廷叫板的最强势力。

# 第一章　草莽英雄



## 一、少年枭雄

咸丰四年(1854)正月十九日，安徽庐州府西边的官亭镇，貌似平常的一天，空气里却分明充斥着几分不安与躁动。但见一位十七八岁的少年，徒手轻步，飞奔数里，一路追踪骑马的豪强一行人。

待少年追及众人，大声呼叫："仇家休走！杀我伯父者，我六麻子今天就跟你决一死战！"为首的豪强一回首，瞥见这位少年，皮肤黑中透红，双目炯炯，声音洪亮，体格虽不甚魁伟，却健壮结实，身手矫健，喘着怒气、流着汗液的脸上，尚带着几许麻点。

果然是来寻事的！豪强一听"决一死战"这话，禁不住一阵轻蔑的狂笑："乳臭未干的毛头小子，也敢跟老子斗？兵器未带，还敢声言决战？"仗着人多势众，他根本没把这少年放在眼里。只听“当啷”一声，土豪把身边的佩刀扔在地上，说：“你小子想跟我挑战？我倒要看看，你有几斤几两。刀给你了，能杀得了我，就算你壮士！”这少年心下大喜，面上却只浅浅一笑，但见他顺势抽起地上的大刀，猛地纵身一跃，刀光闪处，血流喷溅，适才狂言的豪强竟已身首异处！

这一切发生得太过突然，周围的一拨家丁人等来不及反应，主子已命丧黄泉，惊骇之下有的早已瘫软，有的已作鸟兽散。此时麻面少年早已翻身跃上豪强的马，一手持缰安抚受惊的马，一手提着豪强的人头，策马登高，对周围人等振臂高呼：“诸位乡亲，这恶霸掳掠乡里多时，早已恶贯满盈，日前又逼死我伯父，迫于无奈，我才将他斩杀！今天诸位如若跟从我六麻子，咱们就同生共死，一起捍卫乡里！”

那豪强在当地强逼索费、为非作歹业已多年，民间早已积愤难平，此时少年将其斩杀，无异于去除一祸，大快人心，霎时间周围叫好之声不绝于耳！当日，附近便有几百贫苦的青年表示愿意归附于他。少年喜不自胜，于是在众人簇拥下乘马缓辔而去。

镇上邻里皆惊，问此乃何人？欲知少年底细，请看下一节“私盐小贩”。

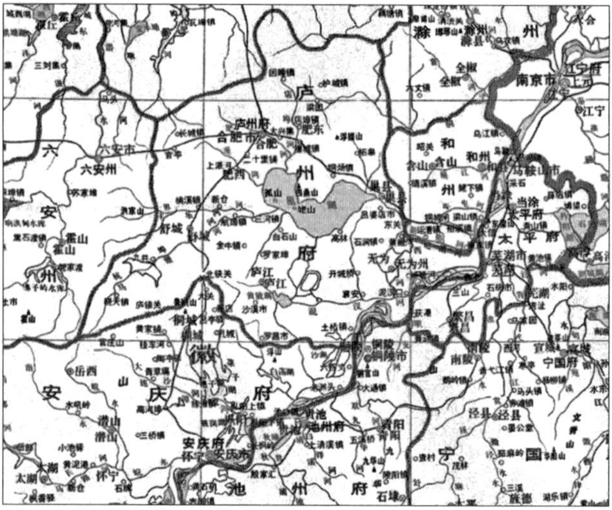


清代庐州府地图

# 二、私盐小贩

原来，这位麻面少年就是人称“六麻子”的刘铭传，亦即本书主人公。

刘铭传（1836—1896），字省三，安徽合肥（今肥西大潜山麓）人，自号大潜山人。

自曾祖父刘琦开始，刘家世代务农，靠祖传几亩薄地勉强度日。刘琦妻李氏过世较早，没有留下后代。续弦张氏，也未能生子。多年之后，总算小妾留氏一雪前耻，在他 52 岁时生下一子，让全家人松了口气。这就是庭忠，刘铭传的祖父。庭忠生有五子，分别名殷、勤、思、惠、迁，其中刘惠就是刘铭传的父亲。刘惠成年后娶当地周氏为妻，夫妇二人继续壮大刘氏门庭，膝下共生有六子，即铭翠、铭玉、铭盘、铭鼎、铭彝、铭传。由于排行第六，刘铭传乳名就叫“小六子”。

小六子由于幼年生过天花，脸上永久留下了麻点，人称“六麻子”或“幺麻子”。好在这孩子也夯实大气，没有为此伤感，反而经常自嘲（如同现今的“自黑”），倒让人莞尔。他后来曾在自画的一幅梅花图上题诗一首：“圈圈点点叉叉叉，顷刻开成一树花。若问此花何人画，大潜山下刘六麻。”足见其乐观天性。

据记载，小六子“幼不慧”，被父母逼着去上了同族刘盛藻在大潜山以北清规寺所办的私塾。这位多次科举落第的穷秀才，论岁数比小六子大，但论辈分，还得叫小六子“族叔”。不过，因为刘盛藻富于“智略”，刘铭传一直对他毕恭毕敬，尊称他“子务师台大人”。刘盛藻也成为刘铭传第一位人生导师和伯乐，而且必将在刘铭传未来人生中扮演重要的角色。

刘铭传 11 岁时父亲病殁，两年后，他的大哥和三哥也相继早逝。家庭的不幸，让小六子很早就体会到人间的疾苦，同时在心智上也比同龄的孩子更加成熟。

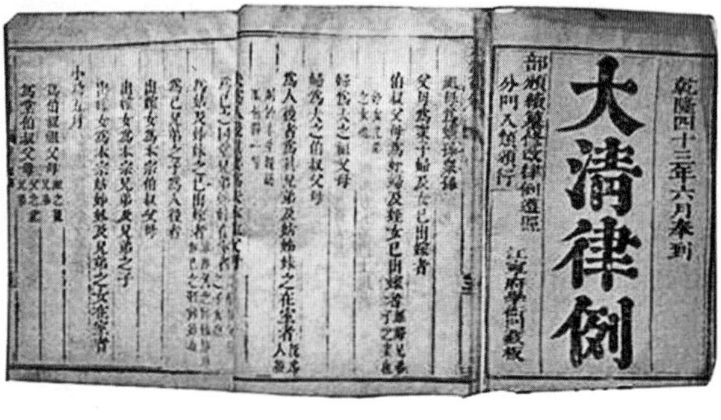


大清律例

一直以来，好动顽劣、喜好打抱不平的刘铭传就没让母亲省心过。自 13 岁挂名清规寺私塾起，刘铭传就悄悄参与了私盐贩卖。当时的庐州（今合肥市）民众吃的是官盐，而肥西、六安等地老百姓吃的是私盐。由于官盐与私盐差价很大，贩卖私盐可牟取暴利。不过按照《大清律例》，对于贩卖私盐的惩处一直是非常严厉的，其律文中对贩私盐的处罚如下：“凡犯（无引）私盐（凡有确货即是，不必赃之多少）者，杖一百、徒三年。若（带）有军器者，加一等（流二千里）。诬指平人者，加三等（流三千里）。拒捕者，斩（监候）。盐货、车船、头匹并入官。”也就是说，若贩卖私盐被抓，不论赃物多少，就要受杖刑一百，服劳役三年；如果带有兵器，罪加一等，流放两千里；诬告他人的话，罪加三等，流放三千里。至于拒捕之人，则处斩（或入监候斩）。以上各类人等所持盐货、车船、牲畜等都将被官府没收。

法虽如此，但当时遭遇数年灾害肆虐以及兵荒马乱的肥西民众已经到了忍耐的极限，早已顾不得许多了。

母亲周氏虽苦口婆心，屡屡劝导，无奈这个小儿子一直就没听进去。为了阻止儿子走上不归路，周氏心生一计，以期让小六子安分下来。欲知周氏所设之计，请看下一节“泼辣内助”。

## 三、泼辣内助

周氏与几个年长的儿子商议，为了早日让小六子安分一些，决定尽早为其择一年长女子为婚配对象，以期能“镇住”小六子。不久，刘家为小六子订了六安枣树甸和家圩程礼仁之女为亲，并在其16岁时，也就是咸丰二年（1852），让两人完婚。

小六子成婚之时，程家女已经22周岁，整整大小六子6岁。在那个时代已算是大龄剩女了。究其原因，很多史家认为，这还是与程氏泼辣的个性不无关系。

《刘氏宗谱》卷14《坟墓记黄塘墓表》如此记载这位程氏："盖娴女红，能佐母治家政……咸丰四年寇乱益亟，连岁饥，家道骤落。一日寇氛逼里门，周太夫人乃令太夫人避居母家。于是襁负一子，持戈策骑以行，途遇数贼，横矛遮拦。太夫人出其不意，挥刀奋击，贼惊逸，竟得达。"可见程氏即便在背负一子的情况下，也能持兵器策马前行，在路遇数贼的情况下沉着冷静、独自奋战，经过一段挥刀奋击的惊心大战，居然吓退众贼，最后程氏携子安全抵达母家。这样的经历，不得不令人刮目相看。

俗话说："不是一家人，不进一家门。"这位巾帼不让须眉的剽悍女子，果然在短时间内让小六子安稳了。而这位程家女的机智与勇猛在以后的日子还将愈演愈烈。

小六子成婚第二年，太平军已经攻克江宁并改名天京。当年五月，太平军开始北伐，进攻安徽、河南等省。安徽各地地方势力风起云涌，肥西一带受到强烈波及。同一时期，从咸丰三年到八年（1853—1858）当地连年"旱歉太甚，赤地千里"，刘铭传见乱世已开，自己不作为也不行了，于是顾不得母亲阻挠，悄悄复出。更要命的是，这一次，他变本加厉，开始了聚众杀伐的营生。而每次刘铭传一旦出事，程氏就不得不奔走各处，四下避祸。可以说，若没有这一贤惠智勇的内助，刘铭传还真成不了大事。

六安县有家胡姓地主，在当地开了一间当铺，由于经营有方，规模不小，在当地颇有名气。一天夜里，刘铭传带人洗劫了这个当铺，临走时，还放了一把大火。有老家肥西的生意人目睹六麻子的身影，之后“六麻子是土匪头子”的传言就散布开来。为此，官府开始密切注意他的动向。

这一年，小六子17岁。

接下来，官府将对他采取何种措施？面对官府的监视，小六子又将采取什么样的行动？请看下一节“气殁老母”。

## 四、气殁老母

咸丰六年(1856)，叶赫那拉氏生了后来的同治帝载淳。母因子贵，叶赫那拉氏被封为懿妃。这年，“天京事变”使清廷获得了喘息的机会，咸丰帝重用汉人曾国藩、左宗棠、李鸿章等人，加紧绞杀太平天国。不料正在这年，英、法两国再次对华开战，史称“第二次鸦片战争”。俄国则趁火打劫，借调停之机妄图蚕食中国领土。

距第一次鸦片战争，时间已过去了十几年。遗憾的是，大清的国力、军力并没有实质性提升。面对英、法、俄等列强，加上还要剿灭太平天国等反对势力，咸丰帝难以招架，不得不妥协求和，同各国分别签订了《天津条约》《北京条约》《瑷珲条约》等不平等条约。清廷被迫进一步开放国门，除赔偿 1600 万两白银之外，还丧失了大片国土。仅黑龙江将军奕山与俄国签订的《瑷珲条约》，就割让黑龙江以北 60 多万平方公里的领土，其后乌苏里江以东包括库页岛在内的约 40 万平方公里国土再落俄国之手。悲乎，中国进一步沦为半殖民地社会！



由于连年旱灾，庄稼歉收，小六子家所住的肥西一带饿殍遍野。离家十余里处有个集镇叫作官亭。镇上有个富商，在其店铺内囤积了大量粮食。七月的一天，富商忽然关闭店铺不卖米了。这一来，周围贫苦百姓受不了了，“群无籍者聚而哗”，大家一起抢劫了这个店铺。官府派人侦缉，饥民们传言乃刘铭传所为。捕快当即赶往刘家抓人，而刘铭传早已逃离。官府兵丁见人去财空，一无所得，索性一把火烧了刘家。幸好刘家人提前获知消息，其妻已带子女逃回六安娘家。其母周氏仓皇外逃，避居亲戚家中，惊恐之下气得病倒在床。

当日，刘铭传潜回老家看望老母，母亲和兄长们责问刘铭传，刘铭传大怒，横眉呼号道：“岂不闻三人成虎，曾参杀人？那些骑恶马践踏老百姓的酷吏想要灭我一门，还要栽赃冤枉。我一介平民，又能说些什么？”

虽然如此，周氏思前想后，小六子这些年做的事，毕竟都是些冒犯王法之事……如今可好，多年辛苦所挣家业已被付之一炬，往后这一大家子怎个活法？想想已过世的老伴和几个儿子，再见如今惨状，怎不令人痛心？……我们今天无法一一揣度当时刘铭传母亲的心境，但可以肯定的是，长期以来对儿子的担忧、官兵的惊吓与家业被毁的多重打击，汇成了击垮周氏的最直接力量。当日下午，这位含辛茹苦的母亲永远闭上了眼睛。

西方人所绘太平军战斗场面

多年以后，每逢母亲祭日及自己生辰，刘铭传都“涕泣悲怨不已”，为自己当年的孟浪而悔恨。“子欲养而亲不待”，纵有来日万千的荣耀，也终究无法与母亲分享。

失去了母亲的刘铭传，此时已心灰意冷。不过，一家老小，还有手下弟兄们的生计要好好考虑。此时，太平军已破清军江北大营和江南大营，钦差大臣兼督办江南军务的向荣自缢而死。太平军接着又攻占安庆、庐州、舒城至寿州等地，安徽巡抚江忠源被杀，团练大臣吕贤基投水自尽。后任数位安徽巡抚无不望风披靡，一一败在太平军的手下。与此同时，皖省捻军也在此时兴起，素有习武传统的民众在涡阳雉河聚集，推举张乐行为大汉盟主，建立五旗军制，河南黑旗首领王贯三也率众加入，一时十万人聚集，捻军威震一方。至咸丰七年(1857)四月，捻军南渡淮河与太平军李秀成、陈玉成会师于六安、霍邱等地，并接受太平天国的领导。肥西县境内多地为捻军占领，庐州遂成为孤城。

面对清廷的围剿和势如破竹的太平军，刘铭传的心情是极为矛盾的。作为一方小势力，他不仅要考虑家人，更要考虑诸位弟兄的将来。而清军和太平军交战正酣，自己介入不仅微不足道，还有被牺牲的风险，而且站哪方都可能是要命的。

摇摆中的他入狱了，因为他对合肥知县的求救按兵不动。在牢里待了一阵儿，他才被释放。将来的路要怎么走，成为接下来必须抉择的问题。正当他冥思苦想、矛盾万分之时，儿时老师刘盛藻来访，让进退维谷的刘铭传一下看到了光明。刘铭传如何走出这人生中重要的一步，请看下一节“团练乡兵”。

## 四、团练乡兵

原来，刘盛藻是受李元华之托来游说刘铭传的。李元华何许人也？此人乃原山东藩司、六安举人，因接到庐州府发来的速办团练、抗衡发捻的命令，所以就与熟人刘盛藻联系，准备鼓动刘铭传起兵。

刘铭传打小生性好动，虽然是老小，但天生虎胆，声气洪大，舞刀弄枪是拿手好戏，随便吼几声，都能唬得邻里的一帮孩子乖乖就范。要他老老实实学习四书五经，那是难为他。即便如此，刘铭传却少有大志，据说他曾登上附近的大潜山，仰天长叹：“大丈夫当生有爵，死有谥。”在他看来，人生在世，作为一个男人，就应该获得爵位，而死后也应该获得朝廷所赐的谥号。这样的男人，才配称为大丈夫。虽然不喜欢传统理学，但刘铭传却对医药、壬奇、占候、堪舆、五行之书非常喜欢，尤其喜欢读兵书。刘盛藻也是看中其不同凡响之处，一直对刘铭传青睐有加。

一次小六子曾梦见“白虎搏己”，刘盛藻特为其解梦，并附会为“黑虎星下凡”，断言他将来在武功上定会有所成就。

在肥西，刘盛藻不仅是当地屈指可数的教书先生，也是整个宗族中一直让刘铭传敬佩的人物。刘铭传斩杀豪强后，曾请刘盛藻指点迷津。刘盛藻说：“寇深矣，可奈何？与其奔驰于烽火扰攘之中，曷若团练以捍卫井里乎？”

于是，刘铭传决定靠拢清廷。他很快带领手下人马在大潜山西面开筑堡寨，这就是后来的刘老圩。刘盛藻则与族人刘子钊在大潜山北面清规寺筑起堡寨，加上之前李元华在此山东面马埠寺所建堡寨，大潜山周边形成连贯之势的堡寨群。刘铭传与刘盛藻“各募团勇二三百人，以族中弟子为最多，训练成军”，从此横扫六安、霍邱与舒城三百余里之内。

刘老圩鸟瞰

建设堡寨之初，刘铭传原本要求手下人等自带口粮挖沟建壕，但当时因淮南、淮北发生饥荒和战乱，很多人难以承受如此繁重的徭役，手下对刘铭传的怨言也越来越多。后来，刘铭传采纳族兄刘春山的建议，变卖以往劫掠的财产，换作口粮，以供手下所需。族长刘建斌等人也“散谷赈荒”，对他鼎力支持。经过多方努力，刘老圩终于建成。

圩堡建成后，刘铭传还把附近一个庙里的几十尊佛像熔化来制作铜炮。当地人原以为此举一定会遭到天谴，没想到刘铭传竟安然无恙。加之以前有关“黑虎星下凡”的传说，于是不少人更加信服刘铭传。

刘老圩完工后，程氏也从六安归来。她将刘老圩的妇女组织起来，承担缝衣烧饭的后勤工作，练众出征时，妇女们又担负起守卫的职责。一日，刘铭传带领男人们外出，附近郭家寨的头领郭鲁黄探听到消息后，带领人马直扑刘老圩。郭鲁黄与刘铭传曾有过节，起因是刘铭传向他借钱粮，被郭鲁黄拒绝。之后郭家寨遭到刘老圩团练帮的袭击。此次趁刘老圩男丁们外出，郭鲁黄想一报之前袭寨之仇。当日，程氏在圩中望见远处渐近的马蹄飞尘，连忙抽起吊桥，关上寨门，命令妇女们做好应战准备。她和一老妇一起沉着应战，两人“凭墙发炮”，很快由于弹药不够又赶紧现制，继而，老妇人又“发其所窖药数十瓮以进”，大家齐心协力，最终击退了郭家寨的人马，保住了刘老圩。待刘铭传率众人归来，闻听程氏等人功绩，不由得欢心雀跃。刘老圩妇女的事迹很快传遍附近各堡寨，大家对刘老圩更增添了敬畏。

随着刘铭传势力不断壮大，后来连郭鲁黄也改变了态度，不仅赠予刘氏粮草和银钱，而且从此两家世代联姻，化干戈为玉帛。不到一年时间，刘铭传的人马发展到五六百人，成为肥西一带令人瞩目的武装。

在刘盛藻的指点下，刘铭传下定决心，靠拢官府。咸丰九年（1859），太平军攻至肥西一带的长城、官亭，官府饬令李元华统率刘铭传和刘盛藻的团练“协剿”。原本受官府追缉之人，此番转而受到青睐，刘铭传内心是喜悦的，他带领下属奋力争战，很快，太平军在官亭、长城先后失利，退走六安。由于此战之胜，刘铭传被安徽巡抚福济“保奖千总，并五品顶戴”。刘盛藻也同时获得五品顶戴。

此后，刘铭传与刘盛藻一起，“自备粮饷，带练勇五千救援寿州”，并且“守六安，沿途截击，屡获胜仗”。当时的漕运总督兼“剿捻”大臣袁甲三（袁世凯叔祖）得知后非常欣赏，向两江总督曾国藩保举了刘铭传。

咸丰十一年（1861），刘铭传又率团练助官军攻打太平军占领的三河镇。三年前，太平军英王陈玉成在此重创湘军，消灭湘军 6000 余人。但三年后安庆陷落，三河镇失援，不久被刘铭传与清军联手攻破，太平军只得退守庐州。

初战获胜的刘铭传，能继续他的业绩吗？请看下一节“屡获擢升”。

## 小贴士

**千总是个什么职位？顶戴又是什么？**

千总，是明、清两代一种武将的官职。

明代始设千总。明初京军三大营置把总，嘉靖中增置千总，皆以功臣担任。以后职权日轻，至清为武职中的下级，位次于守备。千总在清代为绿营兵编制，营以下为汛，首领为千总，称“营千总”，正六品武官。另有卫千总、守御千总、门千总等。

顶戴是指有官爵者所戴冠顶镶嵌的宝石，俗称“顶珠”“顶子”。顶珠颜色和材质有多种，是清代冠服制度中区别品序的制度。官员一品用红宝石，二品用红珊瑚，三品用蓝宝石，四品用青金石，五品用水晶，六品用砗磲，七品用素金，八品用阴文镂花金，九品用阳文镂花金。冠上无顶珠者，为无品级，称“未入流”。革职或降职时，即革除或摘去所戴顶子。

# 第二章　淮军干将



## 一、屡获擢升

安庆、三河镇失守后，太平军在江北的根据地接连丧失。不久，英王陈玉成被诱至寿州，为清廷所获，旋即就义。另一主将忠王李秀成主攻富庶的江浙地区，占领杭

清军收复安庆

州后又复占浙江各地，并攻至上海高桥附近。此时，江浙丰饶之地大部分为太平天国所占。

鉴于此，咸丰帝令湘军主帅曾国藩“径赴苏州，以保全东南大局”，而曾国藩则先攻安庆，后围天京。清廷一直想剿灭威胁其统治的太平天国，可惜此时的八旗兵、绿营兵等正规部队早已丧失了战斗力，无奈之下不得不依赖汉人团练武装，而曾国藩的湘军就是其中最重要的一支。

当时曾国藩麾下，人才济济，其中一人逐渐引人注目，这就是道光二十七年(1847)进士李鸿章。李鸿章年轻时也曾豪气万丈，立志要有一番作为，他曾有诗云：“丈夫只手把吴钩，意气高于百尺楼。一万年来谁著史，三千里外欲封侯。”

李鸿章曾于咸丰三年(1853)随工部侍郎吕贤基回乡，办团练防堵太平军。可惜还没来得及建功立业，吕贤基在舒城被太平军攻破后就投水而死，李鸿章又转投曾国藩门下。论年龄，曾国藩比李鸿章年长 12 岁，但因曾与李鸿章之父李文安是同年进士，辈分上高李一辈。二人情同父子，李鸿章一直在仕途上受其提携。

不久，曾国藩荐左宗棠为浙江巡抚，带湘军由皖入浙；荐李鸿章署理江苏巡抚，让其招募淮勇，径赴上海。

咸丰十一年(1861),曾国藩命李鸿章进攻太平军,但未给李多少兵马。李鸿章并未气馁,而是借机回乡招募淮勇。此时,刘铭传正处于团练初胜时期,在地方上已小有名气。受同乡张树声推荐,刘很快受召于李鸿章,之后组织起一帮以宗族子弟为主、师长好友为辅的"铭字营",约500人,与张树声"树字营"、吴长庆"庆字营"、周盛波"盛字营"和潘鼎新"鼎字营"一起,加入淮勇队伍。之后这些人马与原湘军程学启、郭松林等队伍合并,组成共6500人左右的淮军。

淮军前往上海之前,还发生过一件趣事。据说李鸿章为了让精于相面的曾国藩点拨一下新人,特意带着张树声、刘铭传等新募将领前去拜谒。由于曾府戒备森严,守卫傲慢,管家又让大家等候良久,只有刘铭传一人按捺不住,怒斥这位曾大帅的傲慢,以及战时容易贻误军机等可能性。不料话音未落,曾国藩却从屏风后走出,简单交代了几句话就让大家离开,只留下李鸿章一人。诸将回营时一路责怪刘铭传太过造次,哪知李鸿章回来后却单独召见了刘铭传。原来,曾国藩此举是有意而为之,就是要考验一下各人的反应,而这位"额广面长、钟声铁面、颊有麻斑"的刘铭传被他一眼看中,认为这位"雄侠威稜"之人将来可对李鸿章鼎力相助,成就大业。

同治元年(1862)三月,上海士绅耗银 18 万两,雇用 7 艘英国轮船满载数千淮军至安庆,后冲过太平军防线,将李鸿章建立不久的队伍运抵上海。

当时上海是全国最大的通商口岸之一,已成华洋杂处的都市,也是江南财富集中之地。淮军进入上海之初,正是太平军第二次大举进攻之时。能否守住上海,是摆在李鸿章和淮军面前的第一个考验。当时的上海,已形成崇洋媚外的风气,地方官绅组建的"中外会防局"对洋人百般谄媚,对从乡野开来的淮军鄙夷轻蔑,"皆笑指为丐"。面对羞辱,李鸿章激励将士说:"军贵能战,待吾破

中国香港海防博物馆所藏淮军"铭字营"军服

敌慑之。”不久，淮军就在虹桥、北新泾和四江口三场恶战中经受住了考验，李鸿章亲临指挥，成功守住上海，一下让所有人对淮军刮目相看。此时，李鸿章已署理江苏巡抚，军饷问题得到解决，淮军随即在数月中得以大大扩充。

为提高战斗力，到上海不及一年，李鸿章就对淮军“尽改(湘军)旧制，更仿夷军”，装备洋枪洋炮，并雇请外国教官。此外，采用招降纳叛、兼收并蓄等措施，不断扩充实力，两年内由 6000 多人扩充到 7 万多人，一跃成为清军中装备精良、战斗力较强的地方武装力量。

在上海期间，李鸿章于同治二年(1863)兼署五口通商大臣。在与外国人打交道的过程中，他意识到学习外语的重要性，于是设立外国语言文字学馆，这是他创办洋务之始。

常胜军炮队

除了自己带来的淮军之外，李鸿章还招纳了不少外国雇佣军（后组建为常胜军）进攻太平军。比如此时刘铭传就受命先后多次与美国人华尔（Frederick T. Ward）的洋枪队一同作战。

刘铭传在此后多年历经数次争战，于同治元年（1862）四月诱降吴建瀛、刘玉林，复南汇，克川沙，擢都司，晋升游击衔；后攻奉贤、金山卫并克之，擢参将，授"骠勇巴图鲁"名号。稍后，因刘氏兵丁与奉贤当地守军争斗，刘铭传被革职留用。此后，从浦东还援，破野鸡墩，又解四江口之围，上谕开复原职。同治二年（1863），会同淮军他部和常胜军攻福山并克之，遂解常熟之围，擢总兵。之后，刘铭传的队伍装备了洋枪洋炮，与常胜军新任头领戈登（Charles G. Gordon）合作（华尔在前一年已被太平军击毙于浙江慈溪），攻占太仓、昆山；后大破太平军忠王李秀成部，进攻江阴，克之，朝廷下诏以提督记名；再后攻无锡、金匮，克之，

身穿黄马褂的戈登

穿着黄马褂的李鸿章

赏头品顶戴；又攻常州，至奔牛镇，招降邵小双，破太平军章王于奔牛。同治三年(1864)，克常州，受朝廷封赏赐穿黄马褂。就在这年，湘军攻占天京(今南京)，标志着太平天国运动的失败。

此时，刘铭传达到其人生中的一大高峰，因为赐穿黄马褂是清代朝廷赐予臣子的一大荣耀，尽管这一荣耀是来自对同胞的大肆杀戮。同一时期，刘铭传还有一重大收获，欲知详情，请看下一节“获宝常州”。

### 小贴士

**黄马褂**：马褂是满清官员制服的一种。有清一代，对于有功武将，除加官晋爵外，还有赐予巴图鲁名号、赏戴花翎及赏穿黄马褂等奖励。咸丰以后因内外战事频繁，逐渐盛行。

马褂的颜色和用料与穿着者的官阶有关，其中黄色是皇帝的专用颜色。能够身穿黄马褂的人有几种：首先是皇帝的随从和护卫，穿明黄色马褂，又称“职任褂子”，只能在任职期内穿着。其次是正黄旗官员、兵丁，穿金黄色马褂。再次是随皇帝狩猎行围时射中目标及在校射比武中获得赏赐的人，称“行围褂子”。最后是赏赐给功臣的，又分两种，一种是一次性赏给黄马褂；另一种是赏穿黄马褂，显贵许多，李鸿章就属此列。赏穿的黄马褂也称“武功褂子”，是清廷赐予将领的最高荣誉，被赐者的事迹会载入史册，代表着地位与权利。

与黄马褂一样，由于晚清海疆军费不足，花翎也加入了捐钱可获之列。

## 二、获宝常州

同治三年(1864)四月，刘铭传率部占领常州。这期间，他住进了太平天国护王陈坤书的府邸。

据说，一天夜里刘铭传听到院内传来金属撞击声，以为有刺客，惊诧之下与卫兵循声而去，发现声音出自马厩，原来是马匹就食时佩环撞击马槽发出的声音。刘铭传提灯靠近，发现乃一金属所制重物。用力一探，马槽居然纹丝不动，把灯凑近，才发现马槽四周布满纹饰。带着疑惑，他好不容易挨到天明。次日一早，他立即命手下洗净马槽，仔细查看，好家伙，原来马槽是个400多斤重的中空大铜盘！更令人惊讶的是，盘内底部竟然刻有精细古朴的铭文。

刘铭传意识到此物非比寻常，在进攻浙江湖州、安徽广德期间，他嘱咐手下不得声张，将铜盘悄悄运回安徽老家珍藏。

同治十年(1871)，刘铭传托病辞职闲居家中，请来安徽霍山县一位叫黄从默的老儒生考证该铜盘。

原来，刘铭传所获的宝物被称作“虢季子白盘”，来历非凡。据《庐州府志·刘铭传》“跋”记载：“(盘)出土于陕西凤翔府宝鸡县之虢川司。”此盘出土后曾为徐燮钧所得。徐燮钧为常州人，时任陕西郿县知县。不过历史上的“虢川司”指的是虢川巡检司。根据美国学者福开森(John C. Ferguson)《历代著录吉金目》记载，道光年间，虢季子白盘先为宝鸡虢川司刘燕庭所得，刘称其出土于郿县礼村田沟岸中。然而,白盘后来为徐知县所获。据称,他在一户农家偶然发现了一个极不寻常的马槽,遂以贱价购得,卸任时便将其带回老家常州的"天佑堂",之后便对盘上的铭文进行考证。铭文被解开后,大家得知这是一件来自西周的珍宝,徐燮钧于是在当地名震一时。

现存于中国国家博物馆的虢季子白盘

咸丰十年(1860)四月,太平军进军常州,徐氏的"天佑堂"在战火中被毁,该盘被太平军将领、护王陈坤书得到。陈坤书是个行武之人,不懂此盘价值,和之前的农户一样拿它当作马槽,以后宝盘又阴差阳错地被刘铭传发现。

## 小贴士

**虢季子白盘**：西周宣王（前827—前782）时所铸，长137.2厘米，高39.5厘米，宽86.5厘米，重215.3千克，圆角长方形，外铸8个衔环兽首。虢季子白盘纹饰精致，铭文精美，是西周金文中的绝品，有极高的文学价值和史料价值。

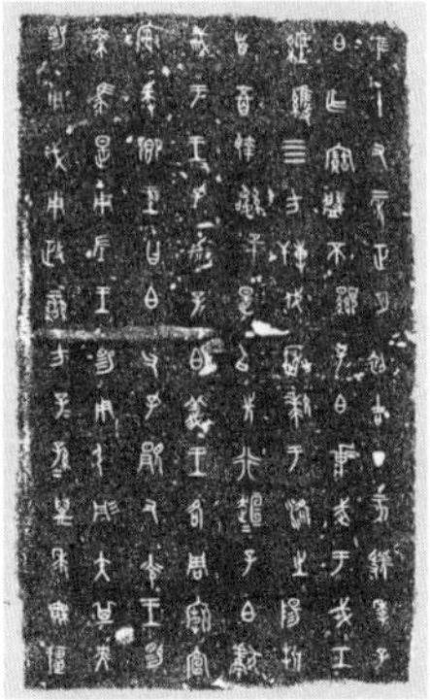

据有关学者考证，其文如下：

隹（唯）十又二年正月初吉丁亥，虢季子白乍（作）宝盘。不（丕）显子白，壮武于戎工，经维四方。搏伐玁狁，于洛之阳。折首五百，执讯五十，是以先行。桓桓子白，献馘于王。王孔加子白义（仪）。王各（格）周庙宣榭，宣榭受卿（饗）。王曰："白父，孔显又（有）光。"王赐乘马，是用左（佐）王；赐用弓，彤矢其央；赐用戉（钺），用政（征）蛮方。子子孙孙，万年无疆。

盘内底部有铭文8行共111个字，韵文，记述了周宣王十二年（前816）虢季子白在洛河北岸大胜猃狁（匈奴先祖）战绩，杀死500人，活捉50人，宣王举行庆典表彰其功绩，赏赐了马匹、斧钺等物。虢季子白特制作此盘以为纪念。

据蒙文通先生考证，玁狁（猃狁）这个民族就是汉朝文献里提到的塞种人（Saka，白种少数民族）。他们曾广布于欧洲东北至中国西部地区，部分东迁至西周的核心地区陕西，与华夏民族有过武装冲突。虢季子白参与的就是其中一次。

获得宝盘，在腥风血雨之外成为刘铭传人生中的一抹亮色。不过剿灭捻军的任务尚未完成，刘铭传尽管身心疲惫，还得强打起精神，在朝廷的督促下继续征战。

在刘铭传获得宝物后不久，他的军营就遭到一次不小的袭击。在说到这次袭击之前，我们要聊聊一位重要人物，欲知此人是谁，请看下一节“军械遭抢”。

# 三、军械遭抢

太平天国都城被攻破后，清廷战略重点转为剿捻。当时，捻军驰骋于山东、河南、安徽等地，行迹无定，擅长裹胁。清军一直找不到对症之方。

僧格林沁

当时的清廷，非常依赖军机重臣僧格林沁亲王。这位亲王为何如此重要？因为他是成吉思汗第26代侄孙，也是世袭罔替的王爵（俗称“铁帽子王”），来自科尔沁旗的博多勒噶台亲王。在此之前，僧格林沁曾立下赫赫战功，如生俘太平天国北伐军主帅林凤祥、李开芳，全歼太平军北伐主力；在第二次大沽口之战中痛击来犯的英法联军。

同治四年（1865）春，僧格林沁率领马队，连追捻军月余，从河南至山东，“日行百里，往返三千余里”。而劳师远袭，正犯了兵家大忌。由于“疲师尾追”，僧格林沁身心疲惫，到后期只求速战速决。没曾料到捻军在引诱他数月后，悄悄汇集数万人，不再“逃跑”，却在汶上、郓城间设好埋伏，僧格林沁部将陈国瑞一至即被包围。僧格林沁调发亲兵前去救援，亦被击溃。四月，捻军包围了僧格林沁，《清史稿》记载：

> 至曹州北高庄，贼拒战。军分三路合击，皆挫败，退扎荒庄，遂被围，兵不得食，夜半突围乱战，昏黑不辨行，至吴家店，从骑半没。僧格林沁抽佩刀当贼，马蹶遇害。

僧格林沁被围后坠马被杀，终年 55 岁。清廷上下震惊，皆以失去“国之柱石”而惋惜。更糟糕的是，失去僧格林沁，八旗武装从此没有了能够担当大局的主帅，随着绿营衰落，八旗军一步步走向末路。

有人说，如果僧格林沁不死，八旗军仍会是清廷的一记重拳，而曾国藩、李鸿章、左宗棠等汉人势力就很难获得向上发展的机会，其将来若不是绿营化就是解体。简言之，如果僧格林沁尚在，汉人武装就没有成为清军主力乃至掌握全国兵权的历史性契机，后世中国的历史也可能全然不同。此后，湘系勇营成为当时大清国资格最老的武装派系，而李鸿章用西法操练、用洋枪洋炮武装的淮军也迅速壮大。从此，湘、淮两军成为同治三年（1864）至光绪二十一年（1895）30 多年里的主要武装力量，成为大清国操纵军政几十年的政治军事集团。

对于僧格林沁之死，清廷在愤怒之下认为，河南、山东的地方大员以及僧军部将都难辞其咎，当时铭军秉承曾国藩、李鸿章旨意按兵不动，实因满臣轻视汉臣之故，有意掣肘。刘铭传等一干汉人将领均被处以降职、记过等处分，唯有陈国瑞因为身负重伤且苦战到底，被免予处罚。

僧格林沁死后，曾国藩继任为督师大臣。此前，江宁收复后，为免朝廷疑其拥兵自重，曾国藩主动裁撤湘军。此时曾国藩北上剿捻，所带部下多是李鸿章派遣的淮军，刘铭传即在其中。自程学启殁后，刘铭传勇略为诸将之冠，此时“铭字营”已成为淮军中最精锐的部队。

## 小贴士

**绿营是什么兵?**

绿营,清朝国家常备军之一。清军入关后,兵力不足,在统一过程中,将收编的明军及其他汉人武装,以营为基本单位组建,以绿旗为标志,称为绿营,又称绿旗兵。八旗驻防军和各省绿营独立管理。

全国绿营兵力在咸丰以前大约为60万人,约为八旗兵的3倍。绿营在康熙初平定三藩之乱及在乾隆中叶以前曾独当一面,这时是其鼎盛期。但绿营兵长期受歧视,限制多,粮饷低。清中期,不断派旗人任绿营中高级将领。乾隆后期开始,绿营逐渐成为以旗人主导、汉人士兵为主力的军队。

绿营士兵为世兵制,父死子继。将领由兵部直接统辖,可有效防止将领拥兵自重。

清中期以后,承平日久,营务废弛,加之鸦片流毒,绿营日趋败坏。至咸丰年间,屡败于太平军;同治至光绪年间历经裁汰,绿营最后被改编为警察性质的巡防营。

同治四年(1865)五月,铭军驻扎于山东济宁北部的长沟。陈国瑞率残部至此,见到淮军装备精良,多为西洋武器，“心独艳之”，于是寻思着要夺其利器。那陈国瑞寻得一日，亲自率领亲兵500人突入铭军阵地，趁其不备，先杀了数十人。刘铭传闻讯后当即组织迎战。

想那铭军，历经数年与太平军大小征战，加之人手一支洋枪，陈国瑞手持冷兵器的士兵哪里是其对手？但陈国瑞一向行事鲁莽，不计后果。可怜那些跟从陈国瑞的500血肉之躯，不到半天工夫，活生生被铭军全部歼灭。情急之下，陈国瑞只好爬上民房逃命，却被铭军“梯而执之”。

陈国瑞毕竟是朝廷命官，刘铭传并未将其斩杀，只是略施小计，将他关起来，每天施其一碗肉粥，让其既不饱餐，又不至丧命。几天之后，刘铭传才让手下带他过来一见。没想到熊心虎胆的陈国瑞见到刘铭传，却一改常态，既未睚眦怒骂，也未低声求饶，反而只是哭诉：“此500人，皆数年来所纠合四方之精锐。一旦为君所歼，吾军自此衰矣。”既然陈国瑞此番敞开心扉、据实以告，刘铭传闻言也感同身受，都是铁骨铮铮的汉子，遂“怜而释之”。

之后双方都向朝廷禀报，要求朝廷仲裁。可不论是太后的军机处，还是曾帅的营务处，都很难判断是非。由于剿捻形势严峻，对任何一方重罚都会严重影响士气。

陈国瑞背靠僧格林沁，刘铭传则为曾国藩、李鸿章手下悍将，一有偏倚，必生怨隙。鉴于此，朝廷未做任何处罚，只令两军分道扬镳，不得伺机启衅。此事暂告一段落。

看来，刘铭传归家的念头还得暂且放下。捻军在平息之前，清廷又岂能让他安歇？刘铭传只能咬咬牙，打起精神，继续再战。欲知战况如何，请看下一节“内外助剿”。



## 四、内外助剿

自同治四年(1865)始，刘铭传隶属曾国藩部，破捻于瓦店，又破之南顿，解扶沟围，易为游击之师。后援鄂，克黄陂，受皇帝褒奖，授直隶提督，特命交部优叙。此后复属李鸿章，督师逐东捻，数十战皆捷。又与鲍超、潘鼎新合击捻军，多次获胜，至寿光一役终于平定捻军，诏赏三等轻车都尉世职。

同年十一月，刘铭传尾追捻军，冲过周家口，强渡沙河，在宏济桥与捻军赖文光、任化邦、牛洛红等遭遇，铭军凭借洋炮队火力，杀伤捻军甚众，于次年三月攻下黄陂县城，刘铭传因此官复原职(之前因僧格林沁之死被清廷降职)。九月，捻军赖文光部与张宗禹部冲破曾国藩的沙河防线，进军河南中牟，分为东、西捻军。曾国藩河防战略失败，引咎辞职，清廷令李鸿章接任。李鸿章趁机扩充淮军，铭军的实力亦有极大提升。铭军负责追剿东捻军，历时三载，最后在扬州瓦窑铺将东捻军击溃。

在平定捻军的过程中，刘铭传得到了各方面助力。这里要说说两个人。第一位，是个洋人。当年率淮军初到上海，李鸿章就在战场上发现洋枪洋炮的厉害，于是很快就购置了洋枪洋炮，还聘请了一些洋人为教习。法国人毕乃尔（Pinel 或 Pennell，1840—1885）此时也投奔淮军，被李鸿章派到刘铭传的“铭字营”，教授士兵枪炮。此后，刘铭传授予毕乃尔记名总兵，派他统领炮营。

毕乃尔率炮营追随刘铭传转战江南各地，在攻打江阴、无锡、常州等地太平军的行动中，非常卖力，深受李鸿章、刘铭传等人的赏识，被授以三品顶戴花翎及“法什尚阿巴图鲁”的名号。他对中国文化很感兴趣，打仗之余学讲中国话，学写中国字，常穿中式衣服，还遵循中国习俗，“冠带发”，留了一条大辫子。刘铭传也待他如自家兄弟，还给他起了个中文名“毕华清”。当时毕乃尔已有中国妻室，刘铭传还主动撮合他纳安徽六安城一位黄姓姑娘为妾。

在镇压太平军后，毕乃尔随刘铭传西上征剿捻军。由于长期待在中国，建立了家庭，毕乃尔已经融入普通中国人的生活，因此萌生加入中国国籍、在安徽定居的想法，于是他向清廷提出申请。毕乃尔这一请求得到李鸿章、刘铭传的支持。同治五年(1866)三月十一日，李鸿章特意向清廷上《毕乃尔入籍合肥片》。慈禧太后得知后心里大喜，素来只听说华人入洋籍的，此番竟然有洋人愿意入华籍，自然是“应准如所请，以遂其所归”。清廷很快批准了毕乃尔的申请。此前毕乃尔已在当地购置田产、房舍，退役后便在庐州定居。于是，他成为清代唯一入籍中国并定居安徽的外国人。毕乃尔后来终仕于天津，仅有一庶子，可惜早夭。他最后获得的职衔是提督从一品。

第二位为刘铭传助力之人，则是湘军名将鲍超。鲍超虽然目不识丁，但战斗力却非同一般，他一生参加过500场以上战事，身体受伤达108处，与多隆阿并称为“多龙超虎”。同治六年(1867)，鲍超会同淮军刘铭传部在湖北尹隆河夹攻东捻军。刘铭传个性鲜明，但也是个矛盾体，在数年征战中屡屡因为有人瞧不起武夫而愤愤不平，可论及同行，他却一直瞧不起跟自己一样未入科举的鲍超，只觉得“鲍超勇而无谋，仅一战将才耳”。他曾经因为听闻鲍超的威名在自己之上而不快，这种忌妒之心终于导致他武德有亏。

这次战役中，刘铭传原本与鲍超约定两军在某时某刻于尹隆河夹击东捻军。但刘铭传抢功心切，提前发起进攻，一时虽然初尝小胜，没料到后来却被捻军偷袭背后，为免粮草辎重遭抢，赶忙退军救急，此时反被捻军所围，总兵唐殿魁、田履安先后阵亡。眼看刘铭传即将坐以待毙，此时鲍超亲率洋枪队和大队霆军及时赶至，猛攻东捻军背后，东捻军损失万余人，刘铭传趁机逃走。事后因遭鲍超羞辱，刘铭传恩将仇报，将战败之责转嫁于鲍超。李鸿章则袒护刘铭传，反诬告鲍超以失机冒功罪请斩，清廷改为严旨斥责。因霆军大胜，鲍超原本还在等着朝廷封赏，没想到有功反被严饬，抑郁成疾，一怒之下称病引退，负气回籍，霆军也被编遣，所部 32 营只留 14 营，由唐仁廉统带，纳入淮军体系。从此，湘系日趋衰落，淮系势力日增。可怜的鲍超不幸成了牺牲品，从此断了仕途。鲍超一事，遂成为刘铭传一生中的污点。从此，刘铭传与湘系结下了梁子。

此役之后，清廷授予刘铭传三等轻车都尉世职，赏给白玉柄小刀等物品。刘铭传以自己积劳成疾为由向清廷告假还乡。在东捻军垂危之际，西捻军闻讯驰援，直逼天津。清廷惊恐，多次严旨催促刘铭传率军驰援。刘铭传只得复出，向李鸿章献计，将西捻军引到黄河、运河、徒骇河之间的狭长地带。铭军在西捻军被围后与之决战，终致西捻军全军覆没。同治七年(1868)，刘铭传以收平西捻军的全功而晋一等男爵。只是“三十人为一品官，多少憎忌少人欢”。

刘铭传以赫赫战功获“头品顶戴，赏穿黄马褂，钦赐花翎”，至此，少年时“生当有爵”的梦想终于实现。这一年，他不过 32 岁。而此时一海之隔的日本，明治维新业已开启。

同治九年(1870)，刘铭传“奉诏督师关中”，赴陕西。在此前平捻四年中，他转战数省，无一日休养，以至于积劳成疾，病莫能骑。此时捻军已平，全国大致安定，鉴于此，刘铭传遂向朝廷请假南归。

归隐之后的刘铭传从此能安居乐业吗？曾经意外得来的白盘又将带来多少曲折风险？请看下一节“白盘波折”。

# 第三章　解甲归田

## 一、白盘波折

同治十年(1871),因病归家后,刘铭传醉心山水,自号大潜山人。前面曾说过他在常州获宝一事。回乡后刘铭传便在刘老圩专门修建了一座精美的亭子——盘亭,用来放置同治三年克常州时所获的虢季子白盘。盘亭四面环水,唯石桥与外界相连,颇有韵味。此时的刘铭传,终于可以休养生息,一享人生之闲暇。

刘铭传把自己对虢季子白盘的研究写成《盘亭小录》,记载了建造盘亭的经历、盘子的形状和铭文等内容,并亲笔写下"盘称国宝,亭护家珍"的对联。此外,刘铭传还曾将白盘的铭文拓印下来赠送文人墨客。

身拥国宝,的确让刘铭传引以为傲。但"祸兮福之所依,福兮祸之所伏"。置放白盘的刘老圩在清末曾遭遇一次大火。刘老圩修建于同治七年,也就是刘铭传第二次辞官回乡之时。而刘老圩失火,则是在光绪二十年(1894)正月。当时由于刘铭传已在六安九公山下修建了新圩(今六安金寨),并率领家人迁往刘新圩居住,刘老圩则交给长子刘盛芬和幼子刘盛芥,并且令刘盛芬主持家中大事。

刘盛芬(1858—1894),字兰谷,曾主持修建刘老圩,官至直隶候补道。光绪二十年正月,正值新春佳节,一家人欢度之时,刘老圩忽然起火,火势异常猛烈,不仅烧掉了圩堡内大部分房子,而且还烧毁了“盘亭”。刘宅的金银细软,几乎被焚烧殆尽。

守护刘老圩的盛芬和盛芥,一直谨记父亲的叮嘱:金银细软……什么东西都可以不要,但国宝“虢季子白盘”必须保护好。熊熊大火,人群慌乱,兄弟俩倾尽全力,终于将“虢季子白盘”抢救出来,这是火灾中唯一值得庆幸之事。此时,已经患病的刘铭传闻听灾情,特地从六安刘新圩赶回刘老圩。面对一片残垣断壁,刘铭传盛怒之下,不由得痛责长子之过。愧疚之下,老实的刘盛芬连急带吓,骤然病倒。火灾两个多月后,盛芬病故,年仅 36 岁。刘铭传白发人送黑发人,痛心不已,但悔之晚矣。

清末以来,虢季子白盘一直由刘氏后人保存,正因为其价值连城，仰慕和觊觎之人从未断过。乱世之中，地方豪强、达官显贵、外国商人等，无不觊觎此盘。一些外国人除了妄图以重金购买虢季子白盘外，甚至还提出让刘家人移民国外等条件，均被一一拒绝。

抗日战争期间，日军进犯肥西，扬言至刘家索盘，刘家将白盘悄悄深埋后院，同时放出白盘早已被运走的风声，并举家外迁，日寇终未得逞。同一时期，安徽省主席李品仙也派人前来索盘，在被刘氏拒绝之后将刘家厅中字画尽数掠走。以后，合肥县县长隆武功也带人亲临刘家老宅，将几十间房屋地板全部撬开，挖地三尺以寻白盘。所幸徒劳无功，只得悻悻而去。

中华人民共和国成立后，国家对文物保护工作十分重视，皖北行署派专人至刘老圩传达政策。1950 年元月，刘铭传曾孙刘肃曾决定将虢季子白盘掘出，献给国家。

就在白盘拟送北京前一晚，还出了个意外。当夜，一个窃贼闯入刘家，妄图锯下铜盘上的八只饕餮衔环，幸而附近守兵将其捕获。其后白盘被迅速护送至京。董必武、郭沫若、沈雁冰等相继接见了刘肃曾。郭沫若还专门为此赋诗相赠。1950 年 2 月，文化部专门表彰刘肃曾，并颁发褒奖状，还有意安排他到北京工作，但刘肃曾没有接受，而是返回了家乡。

历尽 86 载沧桑，延续四代人的保护，从此以后，虢季子白盘结束了与刘家的干系，置身于国家博物馆，与毛公鼎、散氏盘一起，成为上至领袖学者，下至普通大众都可以一览的中国古代三大青铜器之一。

刘铭传虽然有幸得到虢季子白盘，但福兮祸兮互为交替，拥有国宝毕竟也只是短暂的时刻，而长子刘盛芬也因为抢救白盘而英年早逝。在动荡的时局下，保护好白盘，始终对刘家人是巨大的压力。虢季子白盘在送入博物馆后，成为国家保护的对象，曾为皇亲贵胄所私藏把玩的国宝终于走入公众视野，为普罗大众所识、所赏，刘家人也终于卸下了长久以来背负的重担，这未尝不是一种解脱。

除了白盘可鉴，刘铭传还有诗书可赏："解甲还乡去，入山种翠薇。何须老大返，依旧少年归。"所幸，归来时他依旧是少年，功成名就，把酒言欢，安居乡野。试问，世间有多少人能一享他此时的清福？……上苍的确待他不薄，他有大把的闲暇可以慢慢挥洒。刘铭传虽未参加过科举考试，不过若以为他只能写点打油诗的话就大错特错了。事实上，他不仅对传统文化勤勉学习，而且对最新的西洋文化，也努力吸纳。

欲知他的诗书功力，请看下一节"诗书田园"。

## 二、诗书田园

刘铭传虽然只受过几年的私塾教育，且从军后一直战事繁忙，不过他却忙里偷闲，笔耕不辍，勤写诗词。一方面沙场血腥，另一方面政治残酷，不擅长圆滑处事的他却平步青云，仅过而立之年就封官晋爵，惹来各方嫉妒。官场上表面的趋奉背后，微言四布。

脱离了刀光剑影、尔虞我诈，将尘世抛诸脑后，诗词成为刘铭传清心安守的一域。在诗词天地中，他可以忘我地置身世外，通过诗词的挥就，让不时的愤懑与不平得以一一宣泄。诗词的妙境，不仅让他平心静气，而且让他在体力上得以恢复。更重要的是，通过诗词歌赋的操练，可以提高内在修为，磨炼不屈意志。

早年的刘铭传，是个不折不扣的军旅文青。同治五年(1866)，尚在军营中时，他就完成了《大潜山房诗钞》，并请曾国藩作序，当年便印行。因出生在大潜山下，刘铭传便自号“大潜山人”。刘老圩建成后，他还将其命名为“大潜山房”，从此回归田园生活，以诗酒自遣。

《大潜山房诗钞》多收录刘铭传青年时诗作，这正是他血气方刚、一展豪情之时。曾国藩在序中说：

山谷学杜公七律，专以单行之气运于偶句之中；东坡学太白，则以长古之气运于律句之中；樊川七律亦有一种单行票姚之气。余尝谓小杜、苏、黄皆豪士而有侠客之风者。省三所为七律，亦往往以单行之气，差与牧为近，盖得之天事者多。若能就斯涂而益辟之，参以山谷之倔强而去其生涩，虽不足以悦时目，然固诗中不可不历之境也。

曾国藩以杜牧、黄庭坚等人的诗来与之对比，这对刘铭传也是一种特别的鼓励与褒扬。

刘铭传的诗，跟他的性格一样，既气势纵横、一往无前，又朴实率性，充满草根情趣。

在《上海军次中丞接篆日》中，他写道："半壁皆烽火，江南不见春。离家才三月，航海八千人。才系苍生望，身承宠命新。英雄有抱负，举止自天真。"

在七律《遣怀》中，他说："自从家破苦奔波，懒向人前唤奈何。名士无妨茅屋小，英雄总是布衣多。为兼仕宦无肝胆，不惯逢迎受折磨。饥有糗粮寒有帛，草庐安卧且高歌。”其中，“名士无妨茅屋小，英雄总是布衣多”一句勾起很多人的同感，曾被传颂一时。时人认为刘铭传作此诗，大胆录入其不出名时往事，在人人趋奉的时代，他不以自己出身白丁为耻，即便是穷愁困顿之际，亦见坦荡昂扬之气。

“不幸入官场，奔劳日日忙；何曾真富贵，依旧布衣裳。负性无谦假，宜人说短长。莫如归去好，诗酒任疏狂。”直爽而不善于迂回的个性使他长于实干，但却适应不了见风使舵、虚与委蛇的官场。多年辛劳获得的名利并不能让他在官场游刃有余，反而在各方权势之下纠结无奈。

“旧交朋友亲疏见，新结邻封应答难。好管是非生性直，不忧得失此心宽。风尘劳苦无休息，憔悴形容羞自看。”好不容易封官晋爵，却是骑虎难下，连旧交新朋也不易维持。刘铭传一生跌宕，“凡五进退而乞退之疏至十八上”，因为个性率直任性、特立独行，不善权变，所以一遇争执便“易退难进”。

戎马倥偬之际，他也对底层百姓充满了悲悯同情：

郊行二三里，四望皆村庄。秋收禾黍尽，露冷林叶黄。马前一老叟，独在田间忙。举头见行骑，走避殊仓皇。村内掳衣物，村外牵牛羊。人多不敢阻，势凶如虎狼。老妻受惊死，一子复斫伤。骨断不能起，至今犹在床。暮年寡生计，空室无斗粮。所幸此身健，勉力事农桑。近凡见兵马，畏怯故走藏。我闻殊太息，揽辔思彷徨。问彼统兵者，曾否有肝肠？灭贼自为贼，何颜答上苍！

《赠盖臣子务归里》云：“百战澄清衣锦还，征途挥手泪潸潸。倾囊各赠千金去，只济人艰莫买山。”此绝句显示出他助人的洒脱豪迈，侠义之风凌然。

“朋辈疏音问，官场任是非。”打拼多年，战功非凡，然而事事都会受到各级文官掣肘和轻慢，这是当时所有武将都感受到的屈辱。同僚的轻慢，

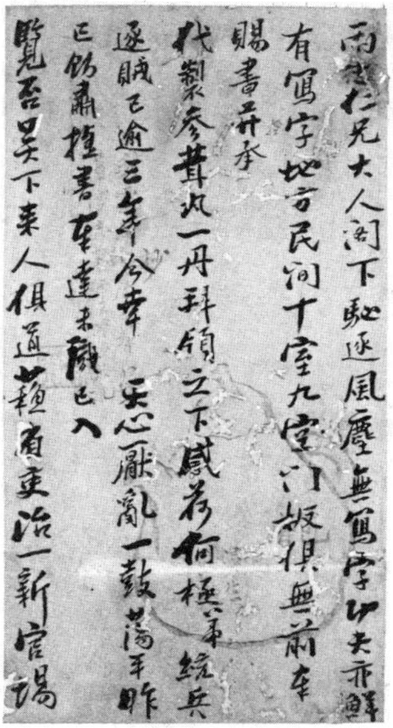

刘铭传书法

致使不平与愤懑在他内心中滋长。“盛朝修文不用武”，大环境如此，一介草民又奈之如何？“官场贱武夫，公事多掣肘”，“武夫如犬马，驱使总由人”。

少年时，刘铭传就负有大志；中年时实践着济世经纶；为官后，“礼文士，折节读书，故擅文翰，精棋弈”。他虽未出身正统儒家科举，但却仗剑四海，驰骋沙场，自有一番作为。不过，出身行武，却又看不起其他武将，刘铭传的价值观也充满着矛盾。正是自知自身有限，他才不断努力，汲取各种新知识，多方提升自己的修养。可以说，他的学识是靠自己不断学习和感悟得来的。刘成禺《世载堂杂忆》记载，在淮军初建之时，有一日，曾国藩和李鸿章都未带随从，两人悄悄来到营地，只见有赌酒猜拳者，有倚案看书者，有放声高歌者，有默坐无言者。南窗一人，裸腹踞坐，左手执书，右手持酒，朗诵一篇，饮酒一盏，长啸绕座，大有旁若无人之概。视其书，司马迁《史记》也。巡视毕出馆，诸人皆不知为曾帅，亦不趋迎李鸿章。曾国藩归语李鸿章曰：“诸人皆可立大功、任大事，将来成就最大者，南窗裸腹持酒人也。”此人正是刘铭传。

“莫如归去好，诗酒任疏狂。”好在世事纷扰中他还有一方田园可以排解。他的诗中，明显有陶潜的意境。每当遭遇失意、挫折，他总能从五柳先生的词句中汲取力量。从35岁起，他就时常泛游山水，尽享13年的惬意人生。

同治八年（1869）刘铭传告病回籍时，也曾一度放浪形骸，李鸿章去信劝勉他：“多读古人书，静思天下事，乃可敛浮气而增定力，窃愿吾党共勉之。如公之才识声望，断非终老林阿者，及此闲暇，陶融根器，后数十年之世界，终赖扶持，幸勿放浪自废为祷。”李鸿章的劝诫对刘铭传产生了极大的影响，为其日后在国家危难之机挺身而出、成就大业奠定了基础。

当时的文坛大师、诗评家陈衍在《石遗室诗话》中认为，刘铭传的诗“偶对甚整，仍近乐天”。

刘铭传晚年回归故里后尚写有大量诗歌，但多“以吟咏自适”，今多不见，民国王揖唐的《今传是楼诗话》存有两则：

得遂归田志，君恩肯放还。解兵渡渭水，策马出秦关。不历风波境，焉知世事艰。此行无建树，羞对二华山。——其一

秦兵不渡陇，界限总分明。我抱虚縻耻，谁将寇难平。徒忧回纥马，未解世人情。努力期

来者，朝廷务远征。——其二

比之前期的诗，此时他的诗风已透露出悲壮慷慨之意。

在诗词之外，刘铭传也喜好书画。他的一位如夫人陈氏就能书善画，也会赋诗填词，刘铭传回乡后，常常与其风雅唱和。

除了诗画自娱，刘铭传还十分注重对传统家族文化的继承。同治九年(1870)他回乡后，他随即嘱咐家人着手修撰《刘氏宗谱》。赋闲之后，他还捐资创办了“肥西书院”，请李鸿章题“聚星堂”牌匾，自己作联语。他还在家乡捐田捐房，创建刘氏义庄。

南山之景，悠悠吾心。表面上是急流勇退，实际上却是韬光养晦。刘铭传在放逐山水之时，并非囿于乡村生活的小视野，而是在游历江南、与外界交流中眼观时事，耳听八方，对时局有着清醒的了解和分析。居庙堂之高则忧其民，处江湖之远则忧其君。他曾专程奉诏至河北沧州铭军大营布置军务，建议与法军决战。他阅读了许多西方书籍和报刊的中译本，注重了解西方的新技术，还经常往来于上海、江宁，结交陈宝琛、徐润、薛福成等洋务派人士和改良主义知识分子，一起探讨强国之道。他拍案惊呼："中国不变法、罢科举，火六部例案，速开西校，译西书以厉人才，不出十年，事不可为矣。"大家都惊诧于其言语的犀利和激进。

光绪六年(1880)，俄国欲窃伊犁，对华武力威胁，清廷召刘铭传入京咨询，刘铭传上《筹造铁路以图自强折》，认为：铁路不仅利于漕务、赈务、商务诸业，而且可以迅速提高清军的机动能力，"使当时的十八省合为一气，一兵可抵十数兵之用"。他的这些练兵、造器等自强之道，超越时代，非常有前瞻性，与后来的变法思想如出一辙，可惜未被清廷采纳，刘铭传只能愤而还乡。

若要以为刘铭传就此终老或归隐，那就大错特错了。对于芸芸众生而言，的确如此。不过，这位起伏几番、滚打多年的汉子，还真是个不肯轻易服输的主儿。若要看他如何继续打拼，且看下一节"天降大任"。

## 三、天降大任

俗话说，机会总是赐给那些有准备的人。对于刘铭传，又何尝不是？

## 小贴士

**越南**：这是一个与中国有着渊源关系的国家，其先民原是一群生活在红河中下游一带的雒越人，后形成“瓯雒”部落联盟。历史上越南的中北部长期隶属中国，直到宋太祖开宝元年(968)正式脱离宋朝独立建国。当时越南土著丁部领建立丁朝，国号“大瞿越”，近一个世纪后更名为“大越”。

嘉庆八年(1803)，越南阮福映灭西山朝建立阮朝，派使赴北京请封“南越”国号，嘉庆皇帝改赐以“越南”之号，封阮福映为国王，越南由此得名。在沦为法国殖民地以前，越南和中国一直保持着藩属的关系。咸丰九年(1859)，法国以保护传教士和天主教徒为由，派兵占领了湄公河三角洲。此后，法国势力在越南层层渗透。光绪十一年(1885)，中法战争结束，清廷与法国签订《中法新约》，放弃了对越南的宗主权，越南沦为法国殖民地。

19世纪的七八十年代，法国与清朝就越南的藩属问题一直纠缠不休。

法国曾在1870年色当战役中大败于普鲁士军队。

之后，国内又兴起工人革命，成立了巴黎公社。革命被镇压后，政权又在君主制和共和制中摇摆，直至 1875 年共和派夺回权力。这期间法国内斗良久，元气大伤，阿尔萨斯和洛林被割让，还须支付德国 50 亿金法郎的巨额赔款，当无余力和金钱来支持远在越南的战争。

再看看当时的大清，按理说，原本法国正弱之时，大清应一雪第二次鸦片战争京城被占、圆明园被焚之耻。可惜此时的大清危机四伏，四海未靖。

内忧方面，同治三年（1864），几乎席卷整个南方的太平天国运动才告平息，满目疮痍的江南尚需时日才能恢复。同治七年（1868），北方的捻军终告平定。同治十年（1871），甘陕内乱才被左宗棠镇压，而云南反清武装余绪尚存，战斗还将持续一年……

更让人忧心的，则是外患。李鸿章在同治十一年（1872）的《复议制造轮船未裁撤折》中写道："臣窃惟欧洲诸国，百十年来……闯入边界腹地，凡前史所未载，亘古所未通，无不款关而求互市……此三千余年一大变局也。"从西周到晚清，朝代更替、异族入侵、分分合合的历史，都不如近代西方资本主义列强入侵后带来的灾难之重、之痛。

在慈禧的眼里，咸丰十年（1860）的那场大火烧得还不够大吗？这让当年的“懿贵妃”、此时的太后仍心有余悸。逃难热河，圆明园被英法联军焚毁，她心里的阴影一定难去。没料到才过了十年，这可恶的法国佬又打回来了，朝廷又一次面临危机。可惜此时大清已经衰败，放眼望去，找不出几个有能力的干臣，她也只能在李鸿章、左宗棠等一拨汉臣中寻找依靠。

而西北方向，沙皇俄国和英国正对新疆垂涎三尺，日本则继续落井下石，对大清帝国另一属国琉球伸出了魔爪。日本早在明万历二十年(1592)时就对中国产生了野心，当时丰臣秀吉声称要“率军进入朝鲜，席卷明朝四百余州，以为皇国之版图”。万历三十七年(1609)，日本九州的萨摩藩侵入琉球，将琉球国王以及官员百余人掳回日本。同治十一年(1872)，日本单方面宣布琉球国为“琉球藩”。光绪元年(1875)，日本攻入琉球，要求琉球停止向中国朝贡，废中国年号，改明治年号。琉球派使臣向中国乞援，但李鸿章此时不想与日本失和，拒绝了琉球国的请求。光绪五年(1879)，日本将末代琉球国王尚泰掳掠至东京，改琉球为“冲绳县”，终于以武力霸占了琉球群岛。

值得注意的是，日本在明治维新后，对外侵略的野心日益膨胀。1868 年，明治天皇便在《外交布告》中宣称：

"外国之事，先帝多年宸忧……大力充实兵备，使国威光耀海外万国，以对答祖宗先帝之神灵。"在甲午战争前20多年，日本就处心积虑，启动了针对清朝的全方位军备工作，包括扩充军力，建立战时体制，培养军官，加强谍报工作，实行全民皆兵，进行军国主义教育，制造"侵略有理"的舆论，加强军备，保障后勤，等等。

1871年7月，日本兵部省始设陆军参谋局，谍报工作成为其职责之一。同年，日本首次向清朝派遣留学生，实则培养针对中国的情报人员。此后间谍机构和分工不断精细化、专门化。1872年到1874年，日本开始向中国东北和台湾派出军事间谍，为以后入侵朝鲜、中国内地以及占领台湾做准备。

再来看俄国。19世纪，沙俄意图夺取清朝南疆喀什噶尔，侵占伊犁和乌鲁木齐地区。浩罕汗国军事首领阿古柏于1865年带兵入侵新疆，不久在喀什噶尔建立了"哲德沙尔汗国"，占据了南疆。1870年，阿古柏向北扩张，占领了乌鲁木齐等地。1871年，俄国出兵侵占伊犁，次年与阿古柏签约，承认其政权，换取了在南疆的通商权益。英国也效仿俄国，取得了在新疆的各种特权。新疆危机已到了千钧一发之际。幸得左宗棠于同治十年(1871)进驻甘肃，并在光绪三年(1877)，消灭了阿古柏，收回新疆……此时的晚清，真可谓风雨飘摇，自然也没有多余的力量去关注越南。

法国铜版画中的李威利(Henri Rivière)被黑旗军击毙

最后回看法国。自1875年纷争平息后，扩张主义重新抬头。在贝当(Henri Pétain)的领导下，法国迅速扩军并提升武力，由于德国俾斯麦(Otto von Bismarck)联俄、结英的一番合纵连横，法国人暂时无从下手。不过，在普法战争后，法国人节衣缩食，通过发行金银币，铁路抵债，支付银行券、汇票，以及发行国债等方式多方筹措，竟在短短几年内就还清50亿金法郎的对德赔款，迅速恢复了国力。经济复苏以后，整个法国社会，急需找替罪羊来让其摆脱耻辱。终于，1883年李威利（Henri Rivière）上校横尸越南北圻，为法国找到了开战借口。对于中国人而言，法军深入大清属国，被黑旗军击毙理所应当。可法国人却认为堂堂海军上校在越南被“土寇”所杀，势必要惩治一下越南这个东方蕞尔小国及其背后破落的大清国。法国海军原本想封锁长江、渤海湾，迫使北京屈服。后因担心战线过长、补给不易，改以福州、基隆为目标。

对于台湾民众来说，中法战争带给他们的则是被称为“西仔反”的记忆。“西仔”指法兰西，“反”通“叛”，意为战争、动乱。“西仔反”战役是指中法战争期间，1884年8月至1885年6月，法国远东舰队与清军在台湾北部与澎湖之间发生的战事总称，包括基隆战役、沪尾战役、澎湖战役，对台湾近代史影响巨大。

黑旗军首领刘永福

当时法国企图夺取基隆煤矿作为舰船能源基地，封锁东南沿海，进而威胁中国沿海各大城市，并占领台湾。清廷意识到台湾战略地位之重要，特派刘铭传至台督战。

“国乱则思良相”，那刘铭传究竟是如何奉诏出山的呢？

据故宫档案，清廷正式下诏是光绪十年（1884）四月二十一日，上谕：

> 前直隶提督刘铭传统兵有年，威望素著。前患目疾，谅已就痊。现值时事艰难，需才孔亟。着李鸿章传知该提督即行来京陛见，以资任使。

之前一月，李鸿章曾上报总理衙门，建议设立海军部，他心目中统领海军的理想人选，就是刘铭传。

蛰伏多年，终于又到出征之时。欲看刘铭传这匹烈马如何再次驰骋，请看下一节“临危受命”。

# 四、临危受命

光绪十年(1884)闰五月初二,刘铭传在京师被慈禧太后和光绪皇帝召见,上了一道《尊筹整顿海防讲求武备折》。在折中他对大敌当前的形势做了精辟分析,提出了一系列切实可行的措施。奏折指出,清王朝正面临着"外患纷来"的形势,批驳了空谈主战派以及主和派。他认为:"言战者当审兵将是否可战,器械是否可战,炮台是否可战,兵船是否可战,空谈无补,后祸焉穷。"同时指出,"当思伊犁和而兵费赔偿,天津和而义民受戮,台湾和而琉球坐失,越南和而藩服无存。"在"战不如人,器不如人"

慈禧太后

光绪皇帝

的情况下，若“不思改图，后将奚立”？他的主张是迅速“整顿海防，以济当务之急；讲求武备，以立自保之基”；同时着手改革，以“谋富强，图久安”。为此，他除将所拟炮台图式呈送军机处外，还条陈了海防十事，主要内容是：

严密防守中国沿海扼要之处，主要是各商埠及产煤区，断绝敌舰的粮源、能源；改建各海口炮台，配备炮队、水雷。他特别指出：“海防以船为命……各国皆然，中国岂能独缓？”除了应尽快增加舰船数量之外，他建议：“另设海部衙门，于南北洋闽广要区各设海军学堂，慎求教习，先教管驾之才，次练水手。”他还指出，西方国家“皇子无不先入海军，充当水手，以次而升，故人才勃兴，战无不克”，因此特别建议“八旗贵介多入海军，以固国本”。他建议裁撤无用的长江、太湖水师，筹办中国海军，以严防守；整顿福建船政局、江南制造局，考工匠、定赏罚，提升本国造船技术；整监造，严赏罚，使原料逐渐取自本国，避免虚糜浪费；还认为不独造兵船，亦可造商船，以期不断提高造船技艺。针对以往各省所购枪炮的伪劣，他建议专派熟悉洋务、精通枪炮之员到西洋各厂订购新式枪炮，以应战时之需。另外应稽查军械，整顿矿务，因“制造为自强之本，矿务为制造之原”，开设矿学，招生研究；酌裁无用的募勇、绿营，编练新式军队；对统兵将领实行严格的年度多次考核和赏罚制度；设局译刻西洋实用书籍，发行各省，以备参考。

从实干中崛起的刘铭传，将海防视为国之根本，甚至建议“八旗贵介多入海军，以固国本”，这不能不说是深谋远虑。奏折一针见血，字字珠玑，至今读来，仍让人感受到他言辞之灼灼、爱国之拳拳。清廷对此非常重视，特转发各省分别执行，两天后，又特诏“刘铭传著赏加巡抚衔督办台湾事务”。

在刘铭传受命以巡抚衔督办台湾事务的同一天，6 月 26 日，法国海军部命令中国海舰队以海军中将孤拔(Anatole Courbet)为总司令，以东京湾舰队海军少将利士比(Sébastien Lespès)为副司令，率大批舰艇驶入南海，做入侵前的准备。

当战争风云密布之时，刘铭传临危渡台，虽孤身无助，但却下定了奋勇搏杀、决一死战之决心。在受命后两日他便赶至天津，与李鸿章协商，并从铭军刘盛休部急调陆操教习 100 人、炮队教习 30 人、水雷教习 4 人，共计 134 人随他同行。

当时《申报》对刘铭传入台也颇为关注，将他视为明星人物，几乎逐日报道其行程。如 1884 年 7 月 11 日载：“巡抚衔督办台防刘省三爵帅，于十八日早乘海晏轮船启

刘铭传

节,绕沪赴台。”7 月 13 日载:“爵帅准于十八日包海晏全轮趱程径赴台湾,或不绕入上海。随带亲兵数百名,枪子数百箱。”7 月 15 日又载:“刘省三爵帅抵沪,即须迅赴台防。刘省帅昨在上海某洋行定购军装,计银二十五万两,殆将运往台湾也。昨早,本埠印委各官俱赴爵帅行辕禀见。爵帅即于下午两点钟时,仍坐海晏轮船径赴台湾。”其间,刘铭传既并未如一些资料所记在上海与法国领事巴德诺周旋,也无法舰企图袭击他于海上的惊险经历。

1884 年 7 月 16 日,刘铭传在基隆港登陆上岸。第二天,法舰“费勒斯”号尾随而至。据 8 月 12 日《申报》报道,双方差点发生冲突:当刘铭传乘“海晏”轮抵达基隆后,当地文武官员皆出迎,驻防兵勇亦整队出迎,炮台及中国兵舰皆燃炮致敬。当时停于港内的一艘法国兵船闻炮声隆隆,不明就里,怀疑清军要有所行动,随即升旗,请中国兵舰停止燃炮,并扬言一刻以后将以炮还击。后经

"海晏"轮船之舟师求见,法军疑惑才得以消除。虽然双方虚惊一场,但也让刘铭传领略到当前的严峻形势。摆在他面前的将是与侵略军的一场恶战。那初到台湾人生地不熟的刘铭传,如何抵挡法军的进攻?欲知战况如何,请看下一节"基隆首战"。

# 第四章　驱法保台



## 一、基隆首战

中法战争情势紧张之际，刘铭传受命督办台湾事务，随即于1884年7月16日抵达基隆，对抗法军侵略。对比左宗棠、杨岳斌等其他官员少则三个多月，多则近一年半的到达速度，刘铭传是“受命即行”，只用了约20天即抵达台湾，这在那个时候真可算得上“神速”。

刘铭传登岸后，稍事歇息，就立即着手查勘基隆炮台形势，部署有关防御事务。虽然在此之前刘铭传未办过海防，但因军事阅历丰富，勤读有关西书译本，赴任前又受教于李鸿章、曾国荃等人，所以稍作视察，他就敏锐地发现基隆防务的一些重大缺陷。当时基隆炮台只剩五尊火炮，而且“势居低下，且在口门以内，不能远击敌船”。研究敌我军情后，刘铭传认为，基隆有煤炭，淡水可入台北府城，于是重点防卫此二海口，并在基隆外海口的麟墩、社寮两山对峙处，各筑炮台一座。

清末基隆港

1884 年 7 月，他移驻台北府城，规划全台军务大计。当时全台守军共 40 营，约 2 万人。时任台湾道的刘璈驻扎台南，在当地留兵 31 营。但台北的防务十分虚弱，仅孙开华部 3 个营及曹志忠部 6 个营，每营精壮者约 300 人。同时，福建省拨来供防守运输之用的 4 艘破旧兵轮，已被远调至福州、上海两地，回防杳无音信。

刘铭传所率铭军约 2 万人，分驻直隶、江南、广东，此时无法调动，仅有章高元部数百人，以及从天津带来的百余名官兵，兵力显然不足，军火也欠缺。刘铭传只能在有限的资源下尽力备防。

考虑之下，他又在安平、澎湖等要地增建炮台。他在基隆街设立营务处，由苏得胜统率10个营驻守二沙湾、义重桥基隆小炮山等处。又因二沙湾地处前哨，出于公心让旧部章高元和毕长和把守。沪尾方面，因只有沙仑旧炮台一座，刘铭传又下令增建了中仑和油车口两座炮台，配置新式大炮8门，由湘军提督孙开华、王贵扬统领驻守；由于沪尾渠道宽阔，无险可据，刘铭传接受浙江候补知府李彤恩的建议，在淡水河口以载石沉船封港，且在沙仑海岸构筑城垒。至于苏澳、凤山、嘉义、彰化和台南方面，刘铭传也各自安排了相应将官，饬令各处加强防守。如此，各处官兵均做好准备，以候法军。

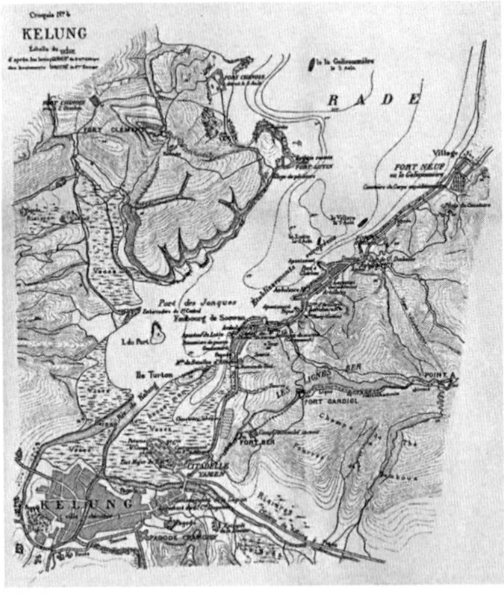

法军绘制的《1884年8月5日攻击基隆图》

1884年8月4日，法军远东舰队司令孤拔逼近鸡笼（今基隆市），并派一副官登岸谈判，要求守军于翌日上午8时以前将所有炮台交出，守军未予理会。法方企图占领基隆煤矿（今八斗子清国井）并破坏马尾造船厂逼使清廷就范。

8月5日，基隆首战打响，为西仔反战役揭开序幕。这天上午8时，法国东京湾舰队司令利士比率领旗舰拉加利桑尼亚（Galissonniere）等3艘战舰对基隆港以东的社寮岛（今和平岛）炮台开火，营官姜鸿胜督炮还击。利士比凭借其优势炮火，仅用一个多小时即击毁了基隆港的前沿炮台，并引发一处弹药库爆炸，守军曹志忠等部被迫撤出。法军在炮火掩护下从大沙头登陆，占领基隆港，将港内各种设施和炮台悉数破坏。6日下午，法军陆战队向基隆市街搜索前进，并攻击狮球岭。刘铭传决定诱敌陆战，除少数人固守海岸制高点外，大部撤到后山隐蔽。利士比见清军后撤，以为清军大败，下令达拉克上尉和马丁中校率领数百人从二沙湾登陆。在舰炮的掩护下，法军占领东侧高地，摧毁了所有清军炮台。利士比得意之下急忙向法国政府和孤拔请功。

刘铭传命令队伍撤退后山时，就已让杨洪彪将基隆八斗煤厂机器拆除下来移至后山。然后用水浸没煤井，并焚毁厂房及15000余吨储煤，以断法军夺矿之心。

刘铭传于6日上午传令诸将议战，以过世的唐殿魁、刘盛藻来激励大家，章高元、邓长安大呼：“我等义不生还，唯公命之！”刘铭传见大家士气高昂，则勉励诸将说：“唐刘不得专美于前矣！”于是授意诸将“诱之陆战，两面夹攻”之计。数小时之后，苏得胜、章高元率数百人从东面袭击法军，邓长安率小队60余人从西面杀出，曹志忠见援兵到，督促王三星等人率200余人从山上冲杀下来。由于在内陆，法军的远程火炮无法施威。法军队伍突遇反击，不知所措，纷纷丢盔弃甲，抱头鼠窜，基隆重回清军手中。经过几小时激战，基隆首战告捷，“毙寇百数十名，夺获法炮四尊，旗帜帐篷等物甚多，余俱逃入兵舰，退出海口”。利士比只好率领舰队离开基隆港，回到福建海岸的马祖岛。

事后，刘铭传上奏朝廷对官兵进行嘉奖。上谕：

> 刘铭传调度有方，深堪嘉尚，着交部从优议叙。尤为出力之记名提督福建福宁镇总兵曹志忠，着赏穿黄马褂。提督章高元、苏得胜，均着遇有海疆总兵缺出，即行简放。章高元并赏换年昌阿巴图鲁名号。苏得胜并赏换西林巴图鲁名号。副将王三星，着以总兵记名简放，并赏给额腾依巴图鲁名号。已革游击邓长安着开复原官。其余立功将士及出力文武员弁，准其择尤

汇请奖励。钦奉慈禧端佑康颐昭豫庄诚皇太后懿旨，着于内帑节省项下发出银三千两，赏给此次出力兵勇；着刘铭传查明尤为奋勇者，传旨赏给。

法军在基隆初战失败后，自然于心不甘，法舰除了立即对台湾北部采取封锁外，孤拔令军舰开至福州地区，暗自打着另外的算盘。接下来，清法战事即将发生一个巨大的转折。欲知战事如何，请看下一节“撤基援沪”。

## 二、撤基援沪

法军侵犯基隆首战失败后，再次向清廷提出和议，清廷仍拒绝。此时，法舰已有预谋地集中于福州马江。当清军将领们还在误信“和谈大有进步”、根本未做准备之时，1884 年 8 月 23 日下午，马江海战爆发。在孤拔率法远东舰队突袭之下，福建水师军舰 11 艘、商船 19 艘，连同马尾造船厂、沿江炮台在 23 日、24 日的战斗中纷纷被击沉或烧毁，700 多名清军官兵伤亡。法舰由此掌握了台湾海峡的制海权，随后调转舰头，准备全力进攻台湾。由于福建水师全军覆没，此时驻守台北的刘铭传面临更加险恶的形势。

1884 年法国刊物转载的中国人所绘《马江战役阵势图》

1884 年 9 月 1 日，孤拔亲率 5 艘战舰驶抵台湾海面待命，等待中法马尾之战赔偿谈判的结果，第二次中法基隆海战即将打响。

值得注意的是，中法战争期间，日本海军于 1884 年 4 月派兵加入“共同警备”队列。日本中舰队司令官松村淳藏少将率“扶桑”“天城”等舰，游弋于上海附近。同年 5 月，“天城”舰从上海进入长江，上溯汉口，至 6 月下旬返回上海。“天城”舰长、后来晋升海军元帅的东乡平八郎，并不讳言其行动涉及侵犯中国主权。东乡平八郎还在中法战争期间，特意登上法舰一观清军虚实。而在此之前的 1879 年，由海军少佐笠间废盾担任舰长的“日进”舰，也曾擅自进入扬子江，上溯汉水流域。可见当时清朝的内河与外海主权，皆被列强所侵犯。

当时的台湾，根本没有军舰，无法从海上抵御法舰的侵袭。清廷在部署东南海防时，曾饬令所辖北洋水师防守渤海、黄海区域；南洋水师一部防守东海区域；福建水师防守南海区域。马尾海战后，清廷财力匮乏，抽不出任何军舰与法国在南海上抗衡。南、北洋大臣为了自保，也不再理会刘铭传“速拨能战兵轮十只”的请求。于是台湾被敌舰封锁，音讯不通，外援断绝，成为孤岛。而法军自福州获胜后，不断得到增援，转身回来，将炮口对准了台湾北部的基隆和沪尾海口。从台守军内部来看，基隆初战虽获胜，但防御工事全被摧毁，短期内无法修复。加上适逢夏季，疫病蔓延，基隆的守军将士病倒大半，只能挑选出 1200 余人作战，沪尾的守军能战者不到 1000 人。同时，沪尾据点，地势低下，炮台脆弱，又无营垒，形势更危险。

8 月 29 日，法舰迫近基隆，30 日、31 日两天发炮做试探性轰击后，又于 9 月 3 日和 9 月 9 日转窥沪尾，一场恶战迫在眉睫。果然在 9 月 18 日，孤拔接到法国海军部电令：攻占基隆和沪尾。其目的正如法国首相茹费理(Jules Ferry)叫嚣：“以台岛的基隆及淡水(即沪尾)两埠口的行政和经营，以及海关、矿山等让与我们，以九十九年为期。”9 月 29 日，在完成部署后，孤拔令利士比率“拉加利桑尼亚”号、“德斯丹”号、“凯旋”号 3 艘军舰围攻沪尾，他自率“胆”号、“斗拉克”号、“尼夫”号等 8 艘军舰进攻基隆。

10 月 1 日，第二次基隆大战开始了。孤拔命令各舰发炮掩护法军少校卑尔等 600 余名官兵自口外两岸登陆。刘铭传当即派恪靖营营官毕长和等人各带百余人出击。将士们往返冲杀，血战近两个小时，终因敌军炮火猛烈而退下高地。法军少校郎治和拉克罗率另一队陆战队突袭章高元、陈永隆驻守的山地。章、陈等防备不及，退至山口再战，直至下午法军又组织力量猛扑，陈永隆部拼死抵挡，法军的攻势受挫。入夜，法军悄悄将兵力调至陆上，刘铭传也做了严密的部署。双方都在准备第二天的大战。

就在相持之际，刘铭传连续接到从沪尾方面发来的三次告急书。告急书称，敌船 5 艘直犯沪尾口门，敌炮如雨，新筑炮台全被击毁。守将孙开华、刘朝祜等命令张邦才发炮还击，虽击中法方“德斯丹”号巡洋舰，但清军阵亡十余人，张邦才也身负重伤，情况极为危险。刘铭传接到告急书后，心情沉重，法军两地同时进攻，让清军首尾难顾。他仔细考量了双方形势，首先，法军“远隔重洋，利在

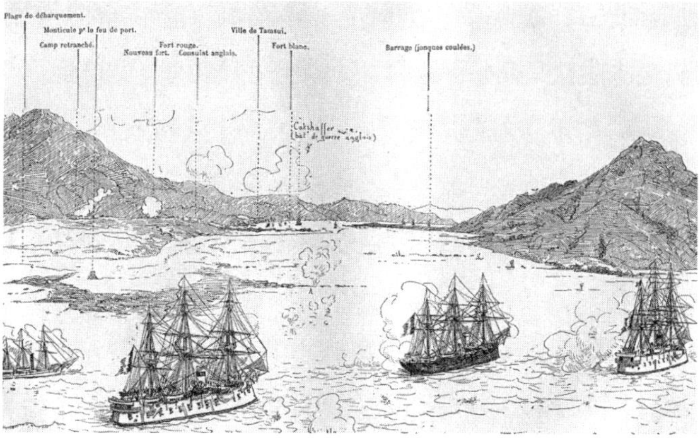


1884 年 10 月 2 日法国远东舰队炮击淡水图

速战”，只要清军“坚力以持”，断其粮源，则“其兵轮久居海中，既无煤炭，又无淡水”，当可不战自困。法军“船坚炮利，巨炮环布铁船”，火力占据绝对优势；清军只有跳出近海战场，不在乎“沿海一州一邑无关大局之区”，避开船炮，诱敌陆战，“深挖壕窟，隔山坚守……隔山则巨炮不克移攻，登岸则坚船已归无用”。这样，可以充分发挥清军熟悉地势、擅长短兵相击、受民众支持等优势。其次，就地势而言，基隆滨海前无屏障，便利敌人舰炮发挥，但城后有险峻的狮球岭诸峰，可以扎兵扼守。基隆距台北府城较远，而沪尾兵力孤单，距离台北府城仅 30 里，沿途毫无屏障，法军可从淡水河河口直驱当时最繁华的大稻埕

（今台北迪化街一带），更何况补给粮饷又全在台北府城，“倘根本一失，前军不战自溃，必至全局瓦解，莫可挽回”。显然，沪尾重于基隆。考虑良久，在权衡利弊后刘铭传决心采取“撤基援沪”的战略，放弃基隆，移师沪尾，力保台北府城，以定大局。由于战况紧急，来不及告知朝廷军机处裁定，刘铭传决定先斩后奏。

刘铭传这一战略来自对形势的正确估量。在这一思想指导下，刘铭传早在基隆初战后立即下令焚烧基隆煤矿，坚壁清野，并“屡函诸将，三令五申，坚止图功轻进。若为基隆一隅失台北大局，微特获罪更重，且虑挽救无从”。可惜，他的这些战略考虑在当时只能得到极少数人的理解。远在京师的清廷和台湾不少将领、社会人士都持反对意见。10 月 1 日夜，刘铭传下达了撤出基隆的命令，老部下章高元首先下跪哭谏，要求收回成命，湘军将领曹志忠和通判梁纯夫也伏地哭劝，一时军心紊乱。刘

法军占领基隆后用小船排除水雷

铭传大怒，拔佩刀砍前案，大声呵斥道："不舍基隆，台北不能保，违者斩。"一些部将仍犹抱怨不休。刘铭传见时间紧迫，发誓说："军家大计，非若辈者所知，违令者视此！果遭重谴，某自当之，不累若曹也。"于是，决定全师而退，由此开启了与法军长达8个月之久的作战进程。

法国远东舰队司令孤拔

刘铭传率军撤退之时，台湾道刘璈手下朱守谟等人各处煽动不满情绪，有好事者便谣传刘铭传被乡民痛打之说。而朱守谟远在台北府城，并未参与军机，不可能预先得到消息而鼓动人半途拦截。据当时随军撤退的官员禀称：刘铭传十三日夜间三更率军撤离基隆，中途并未多作停留，十四日各营陆续抵达台北府城。西人法来格等人误听谣言，以讹传讹。刘铭传深知他们无非就是想挑起事端，搅乱大局，让清廷猜疑。但大敌当前，行事不能莽撞，在被乡民们误解之时，他镇定自若，发文向不明就里的百姓做了解释说明。撤至台北府城后，刘铭传次日凌晨即派章高元、曹志忠、苏得胜各率数百人支援沪尾。

“众人皆醉我独醒”，在时局纷乱，一众人物看不清形势之时，刘铭传毅然下定“撤基保沪”的决心，这是需要多年经验积累的。当然，这也使他成为众矢之的，朝臣竞相奏参，“谤书盈箧”，左宗棠更两度严劾。所幸清廷虽然守旧腐败，但在这事的处理上还算有理智。上谕：“该抚夙着战功，朝廷深资倚任，断不为浮言所惑……”

既然刘铭传敢做，就敢承担由此带来的一切后果。面对即将进攻的法军，刘铭传将如何采取行动？请看下一节“沪尾大捷”。



## 三、沪尾大捷

清军撤退后，被法军占领的基隆成为一座空城。基隆背后的狮球岭等高地仍由清军曹志忠和土勇林朝栋所部三营兵力扼守。沪尾处，为了防止法舰顺河而上，留守的孙开华接受了李彤恩建议，以石船填塞了海口及内河航道，又得到曹志忠、章高元、苏得胜率部前来支援，从而增强了信心。利士比一时不敢登陆，急忙向孤拔求援。孤拔立刻派出 5 艘军舰于 10 月 7 日赶到沪尾，会合原来的 3 艘，一起将炮口对准了沪尾海口。

1884年10月8日上午8时45分,8艘法舰齐向沪尾各据点猛烈炮轰。清军开炮还击,给法舰以很大的杀伤。英国人法来格亲历这场战役,记载道:“(清军)炮台发出炮弹,可命中击打法船,法国(维伯)战船头桅开成两截,复于其船旁击一大洞……而法船发出炮弹甚不得利,均击中于事无济之他物,独不得打击炮台。是时,其炮台之完固,与未开仗之先,差无几也。”不久,法舰散开,这是敌军登陆的前兆。按照事前刘铭传授予的“四面埋伏,聚而歼之”的战术,孙开华亲督擢胜右营营官龚占鳌埋伏在假港;擢胜中营营官李定明埋伏在油车口,以后营营官范惠意为后应;章高元、刘朝祜率营官朱焕明埋伏在北台山后;李彤恩所募土勇张李成一营,埋伏在北路山间。9时35分,法军见岸边寂静无声,于是在“雷诺堡”号舰舰长波林奴率领下,600名陆战队士兵乘小艇自沙仑东北海岸(今台北淡水浴场一带)登陆,分两路猛扑沪尾炮台。10时10分,埋伏的清军从各自阵地里冲杀出来。法军凭借精良武器抵挡,一度使清军受阻。章高元和铭军哨官大呼突入敌阵,引起敌军内部慌乱。孙开华身先士卒,“手刃执旗卒,夺其旗以归。诸军士见之,气益奋”,所部分途截击,法军退至一小山上负隅顽抗。清军进攻受阻,伤亡较大。就在这时,一群披头散发、赤身露体的“天神”兵突然从草丛中射出来密集枪弹。法军溃败之势不可收拾。

这群“天神”兵正是张李成率领的500多土勇。张李成，原名达斌，小名阿火，歌仔戏武旦，小有名气。李彤恩之前受刘铭传之命编练土勇，张阿火坚决要求参加。李彤恩见他爱国心切，允诺他组织土勇参与沪尾保卫战，并将他的名字改为张李成，意为李彤恩成就其报国杀敌的愿望。当擢胜营与法军作战时，张李成以250多人仰卧在小山坡的草丛中，“散发赤身，嚼槟榔，红沫出其吻”。一等敌军来临，他们便扣动扳机，众人合力射杀，法军“大骇而退”。正待其惊魂未定之时，山后的另外250余名土兵又冲杀出来，配合追赶上来的清军作“圆阵包敌”。法军阵营一片哀号，士兵四下溃逃。

这次战斗自上午9时杀到下午1时。清军阵亡哨官3名，死伤兵勇200余人。据法方记录，法军阵亡17人，受伤49人，其余溃败。法舰为掩护撤退，盲目开炮，击沉己方小轮一艘，并遗下格林炮一门。清军最后获胜。

沪尾大捷不仅使台湾军民膺服刘铭传的“撤基援沪”战略，更使法国侵略者的嚣张气焰受到沉重打击。法方承认：“中国人在此次战斗中表现出了极大的勇敢与顽强，而这种品质通常是不为人所承认的……他们之中虽有人仅用长矛作战，但往往有其他人相助。面对我们的刺刀冲锋，他们紧靠一起，熟练地用长矛抵御。”他们还说，“10 月 8 日对淡水（即沪尾）所作的企图，永不再试了。”沪尾大捷不久，当时中外报纸，如中文的上海《申报》、广州《述报》、香港《华字日报》，英文的上海《字林西报》、香港《南华早报》，法文的《巴黎新闻报》等，均刊载了相关报道。一些反战的法国人甚至将“沪尾大捷”绘成巨幅图画，张贴在巴黎街头。茹费理内阁一扫昔日狂妄之气。

法国远东舰队经基隆、沪尾等三次战役后，已知台湾岛攻取无望，又深恐清廷增援台湾，对自己更为不利，10 月 20 日，孤拔发表封锁台湾所有海口的声明：

自一八八四年十月二十三日起，自南岬（鹅銮鼻）起经西北方至苏澳（前者为北纬二十一度五十五分，东经一百十八度三分，后者为北纬二十四度三十分，东经一百一十九度三十四分）沿台湾之海岸及港口，将置于我所统率海军之有效封锁下。所有友邦及中立国船舶统限于三日内将货物起卸即撤离封锁区域，对于所有企图侵犯封锁之任何船舶将按照国际法及现行条约之规定加以处理。

1885年法国军舰航行基隆附近

这种海盗行径，虽然使台湾遭受打击，一度造成文报不通、接济阻绝、互市停息、物价激涨的局面，但它反而说明了法军的胆怯。自此以后，法军再也不敢实施登陆作战。法舰的封锁，也引起与台湾通商的英国不满。加上与法国在非洲殖民地问题上的宿怨，英国禁止法舰在香港添煤、修理和停泊。在法国宣告不准运粮船只开往台北后，英美两国又提出抗议，声言必要时以武力护航。一些外国商船也置法方封锁宣言于不顾，高价代清军运送物资和人员。清廷曾组织轮船运载货物、军饷、器械等支援台湾，但没有成功。于是改派民船、外轮，采取夜航偷渡和绕道东南海岸登陆等方式，突破了法军封锁线，于11月中旬给台湾送来援兵淮勇500人，枪支1000杆，饷银3万两，以后又有增援。其数量虽少，却让守卫台湾的军民感受到身后有祖国大陆的支持。

为战胜法舰封锁，台湾的本地志士仁人林维源、林朝栋、林汝梅、王廷理、周玉谦等人也捐资募勇，协助刘铭传共筹抗法保台大业，“台湾军机差得生机”。这实际上宣告了孤拔封锁的失败。正如当时英国《泰晤士报》所言：“中国兵丁、军械，皆由小艇运来；所谓贸易，亦由小艇私做。”孤拔对台湾的封锁，更激起了大家同仇敌忾的反抗之心。

法军封锁期间，在少数小人诋毁之时，幸得广大将领和民众同心协助，刘铭传终于领导当地军民携手共度数月艰难时光。

漫漫长夜终将尽，欲知在台湾的军民如何坚持到抗法战争的最后胜利，请看下一节“法军败归”。

## 四、法军败归

法军在沪尾的失败，引起茹费理内阁的恐慌，下令窃据基隆一角的法军攻打狮球岭等地。为此，孤拔又从越南调入大批援军，自 1884 年 11 月 7 日开始，不断攻击基隆附近的暖暖、鸟嘴峰、石梯岭等地。守军和台湾当地土勇拼死抵挡，双方展开了争山逐岭的拉锯战。其中，台湾武举人周玉谦率土勇严守山隘，挫败了法军的猛烈进攻；12 月 11 日，法军又自深澳坑、月眉山潜袭曹志忠守军。在刘朝祜、林朝栋支援下，法军溃退。法军另一路于 12 月 12 日扑向鸟嘴峰营卡，清军伤亡颇重。附近土勇闻讯前来增援，清军振作精神，奋力厮杀，毙敌十余名，法军向狮球岭退去。

1885 年 1 月 10 日的战斗规模较大。在炮轰清军之后，千余名法军分兵四路自狮球岭、鸟嘴峰、石梯岭、大水窟方向包抄清军阵地。林朝栋急令营官苏树森、团总王廷理等严阵以待。林朝栋下令守军不准乱放枪弹，待敌人逼近后方可射击。法军担任攻击的是 500 名身着红衣的敢死队，多为囚犯和亡命之徒。他们冒着弹雨，蜂拥而上。刘铭传闻讯，命令曹志忠率兵前来增援，自上午 7 时至下午 7 时，法军终于在伤亡百余人后被迫退走。半夜，法军潜入阵地企图抢尸，被清军管带林朝昌率土勇击毙数人，斩首七级，缴获枪支、衣帽多件。清军在战斗中死伤十余人。

在基隆拉锯战展开期间，作为统帅的刘铭传，经常亲临前线，“短衣草履，亲拊士卒，吊死问疾，与同食饮”。全军上下为之激奋不已。但是接下来对于如何打好这场拉锯战，清军内部以刘铭传为首的一派和以左宗棠作后台的湘系将领发生了分歧。湘系将领认为应不惜一切代价收复基隆，这正好和清廷一些不懂军事、隔海臆度的官员所提“务须克复基隆”口号相合。而刘铭传则认为法军虽船坚炮利，但“纵得基隆，终难拒守”，守军可以在山地争夺战中消灭敌军有生力量。但收复基隆，必须冒仰攻危险，打攻坚战，清军精锐必将付出惨重代价，做无谓牺牲，于大局十分不利。刘铭传深信，只有与法军在基隆山地上打消耗战、持久战，以此牵制法军，其必因接济困难、伤亡惨重而难以持久。最后阶段，清军才能趁机一搏，获得全胜。在这样的思想指导下，刘铭传下令，“用兵之道，攻坚最难，仰攻尤险”，各营营官务必“扼水陆要冲，勿轻进以伤精锐”，他还驳斥朝廷内的反对派说：“兵事变化，恶有隔海可遥度者？”如此，守卫在基隆后山的铭军与土勇成功地与法军展开拉锯战，在长达四个月的时间内，法军始终未能得逞。

清军淡水炮台

然而湘系将领却收复基隆心切。曹志忠不经刘铭传同意，就在1884年11月2日趁夜率军仰攻法军占领的狮球岭九芎坑营垒。由于山高路险，加上无火炮支援，结果刚到山下，就被法军发现。在敌军的猛烈炮火下，清军伤亡40余人，败退下来。刘铭传异常痛心，坚令曹志忠稳扎五堵营卡，切勿图功轻进，以免造成更大伤亡，逞一时之能，成为历史罪人。

1885年3月1日，左宗棠所派王诗正一军抵达台北。聂士成率淮勇850人则从后山登陆。法军这时也得到补充和增援，双方都加紧备战。3月4日，湘军王诗正急功近利，擅自率大队人马远离阵地寻敌搏杀，冀望一举收复基隆，扬名立万。而法军则乘虚而入，由征服过马达加斯加的名将杜塞斯雷率千余名精锐部队，配备重炮，自八斗登岸，突袭月眉山。这时，守将曹志忠、刘朝祜仅有700人，只好一边坚守戏台山，一边飞书告急。苏得胜闻讯，从防守六堵和披寮隘卡的为数不多的铭军中抽出500人驰援。3月5日清晨，敌兵2000人自枕头山、竹篙山、龙潭堵分三路进逼月眉山。曹志忠这才意识到怂恿王诗正轻敌冒进的错误。虽然湘军拼死抵抗，但终究被法军从戏台山中部截为两段，腹部受敌，丢失了月眉山。而忠实执行刘铭传作战部署的土勇林朝栋、苏树森，却能在大水窟和四脚亭一带，面临强敌保持不败。此战，曹志忠部死伤惨重，前来支援的苏得胜部营官梁善明阵亡，游击邓长安负重伤。王诗正部曾试图组织反攻，却难以挽回败势。

3月5日夜，刘铭传急率聂士成所部400人驰赴六堵。次日晨，“见前敌败退，痛愤莫可如何”。由于基隆河北部基本上被法军占领，清军被迫撤退到河南。刘铭传当即紧急部署，令王诗正部坚守五堵，曹志忠部守卫六堵和小坑一带，林朝栋两营驻扎小坑前的草兰尖山顶，王廷理率土勇驻守暖暖街后河。他自己则亲督聂士成、苏得胜、刘朝祜所部淮勇驻扎六堵间,以扼守台北大道,并在基隆河北港孜、火炭坑、马陵坑一带,布置两营人马以牵制法军。部署完毕,刘铭传严正重申只准扼守,不准迎击,严防浪战的命令。3 月 16 日,法军派数百名工程兵架桥,企图杀向河南,沿台北大道进军台北府城,被清军击退。自此以后,法军再也无力进攻,战事呈现胶着状态。

早在马江海战前的 1884 年 8 月,两广总督张之洞就致电总理衙门,认为孤拔舰队威胁东南沿海,如能将其牵制在台湾,对中国更为有利。"闻法又图台,此中国之利也;即有窜扰,内地不惊……敌注台则闽解,他海口亦舒矣",故而"拟请速敕刘督办设法诱之、怒之,优旨悬赏,激励军民,力战固守,能使敌牵留于台,即以为功"。刘铭传坚守台北,正是英雄所见略同。

茹费理内阁原打算占领基隆城,意图迫使清廷俯首乞降。计划破产后又企图夺取基隆城后山地进而占领台北府城,不料清军顽强,法军攻而不克。孤拔认为,一座基隆空城并没有太大意义。由于远东舰队无法得到能源补给,不得不到香港乞求英援。沪尾落败,军心涣散,法国国内对这场旷日持久却收效甚微的侵台战争也怨言颇多,茹费理内阁甚至威胁说不再提供援助。孤拔意识到,久战下去只能陷于被动,刘铭传确实是个高明的对手。

正如他在1884年12月致电海军部部长所说:“准备激战的敌人,其主要目的也许不在将我们逐出基隆,而是要使我们将海陆军都固定在这地方;因为我们的海陆军在中国其他地方会更加有效地使敌人受到威胁,敌便竭其所能将我们牵制在这个地方……”为了最后一搏,法军采取了以进为退的手法。

法国海军部于1885年初致电孤拔:“为着缓和我们放弃台湾所生的结果起见,政府决定占领澎湖群岛。”于是孤拔在3月20日率7艘军舰进攻澎湖,次日占领全岛。这时,恰逢清军获得镇南关大捷。冯子材在越南义军的支持下,率清军全力反攻。消息传到法国,3月31日茹费理内阁倒台。当冯子材集结4万大军准备进攻河内之际,清廷于4月4日与法方协议停战,清廷乃下诏撤军。1885年6月9日,李鸿章和法国公使在天津签订《中法新约》,中国放弃对越南的宗主权。和约签订之后,法军撤出澎湖,停止对台湾的封锁,清军撤出越南。孤拔此时已患上急病,于6月11日在澎湖岛上病亡。可以说在一定程度上,孤拔是被刘铭传拖死的。根据议和条约,法军于6月21日撤离基隆,7月22日撤离澎湖,到8月4日撤完,西仔反战事宣告结束。

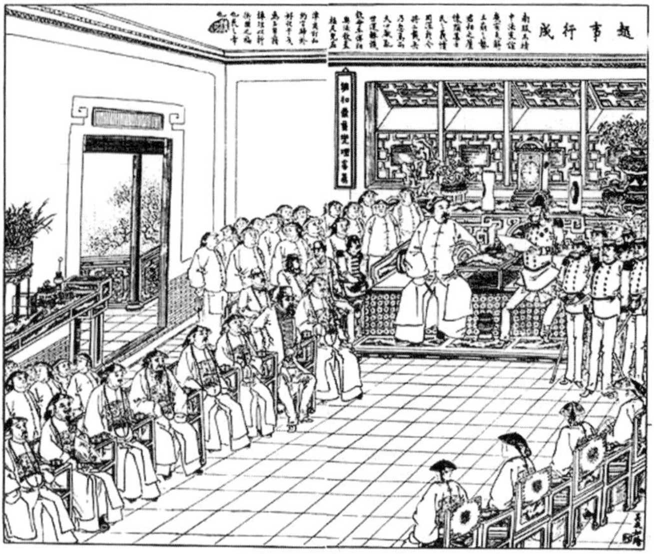

1884 年 5 月 11 日中法签约新闻画

在台湾军民的英勇抗击下，法军占领台湾的企图彻底破产，只在基隆留下"一座巨大悲惨的坟场"，内有 500 多名法军官兵尸体，成为侵略者可耻下场的永久标志。在台湾的清军官兵，付出了至少牺牲 1600 人的代价。作为这场抗法保台战争的指挥者，刘铭传反侵略的战略战术，也在近代军事史上留下了值得称颂的篇章。美国台湾史专家马士（H. B. Morse）曾认为中国抗法保台的胜利，"是在刘铭传干练的指挥之下进行的"。

近代中国史学家、维新派代表梁启超先生更作诗盛赞刘铭传领导的这场保卫战：

基隆法军墓碑（方珣摄）

甲申之秋方用兵，南斗骚屑桴鼓鸣。
海隅倒悬待霖雨，诏起将军巡边庭。
将军功成狎文忠，高蹋久谢尘轩樱。
国家多难敢自逸，笑揖猿鹤飏南征。
半天波赤驰长鲸，魑魅甘人白昼行。
百年骄虏玩处女，将军飞下万灵惊。
鸡笼一战气先王，沪尾设险畴能婴。
其时马江已失利，黑云漠漠愁孤城。
忍饥犯瘴五千士，尽与将军同死生。
手提百城还天子，异事惊倒汉公卿。

对于刘铭传来说，外部的敌人终于撤退了，可内部的掣肘和诬告还在持续。在“谤书盈箧”之时，刘铭传幸得一些有识之士相助，才渡过难关。这里，我们不得不提到两个重要人物。他们是谁呢？请看下一节“二虎相争”。

## 五、二虎相争

刘铭传到台湾后，遇到了一个强劲的对手，此人便是刘璈。刘璈于光绪七年(1881)任职台湾兵备道，比刘铭传早来三年。他是出身湘系的老官僚，曾任左宗棠的“记室”，即文字幕僚。刘璈年岁和左宗棠相仿，深谙湘淮派系争斗的渊源。由于治台有功，在战前他已经被保举到军机处“存记”，处于等待提拔阶段。刘铭传来台后，年长的刘璈难以忍受比自己年轻的刘铭传做上司，所以居功自傲，有意无意会使些绊子。加之刘铭传出身草莽，让自视文人的刘璈打心眼儿里不服。

刘铭传于同治四年(1865)七月至同治八年四月任直隶提督。提督为武官一品，然而清朝重文轻武，武官比同级别的文官要低一等。刘铭传心高气傲，为此愤愤不平，他曾在诗中说：“武夫如犬马，驱使总由人；我幸依贤帅，天心重老臣。”“贤帅”当指李鸿章，“老臣”当指曾国藩。刘铭传虽初来乍到，但自尊心极强，遇到这样一个下属，心里必定不是滋味。一山不容二虎，两人日后势必有场争斗。

据连横的《台湾通史》记载，光绪十一年(1885)二月，法军统帅孤拔率舰至台南安平港，曾约见刘璈。刘璈不顾左右劝阻，训示炮台守将："有警，即开炮击，勿以余不在中也。"之后，他便昂然登上了法舰，单刀赴会。两人谈及对峙时，孤拔傲然问道："以台南城池之小，兵力之弱，将何以战？"刘璈不卑不亢地回答："诚然。然城土也，兵纸也，而民心铁也。"说得孤拔无言以对，随后率舰离去。

这则故事固然动人，大家都为这种英雄气概深深折服。然而事实上，刘璈当时根本不可能舌战孤拔，廖宗麟先生对此有详尽研究。

从情理上看，基隆首战后，刘铭传"以我国体制有关，不便率往"为由，拒绝了法将利士比邀请登舰晤谈。事后，刘璈曾向人提及。清廷闻知，有旨指示："刘铭传不登法舰，具有识力，嗣后如有此等诡计，切勿为其所绐。"既有先例，刘璈不可能抗旨贸然登临法舰。其次，自法舰侵扰台湾以来，发生过法舰残虐往来大清船民事件多起，其惨景令人发指，刘璈还为此呈报。又怎么可能在战火未熄之时，公然与敌酋握手言欢！最后，孤拔是侵略大清和越南的急先锋，他攻越南、侵马尾、占基隆、轰镇海、袭澎湖，劣迹斑斑。这样的刽子手，岂可几句话就打消他的侵略念头？

从档案资料来看，帮办福建军务的杨岳斌于光绪十一年正月二十一日由台湾卑南登岸，二月初二前会晤刘璈。据其奏报，杨岳斌在当日前后一直和刘璈在一起，但并未上报刘璈初二在安平会晤孤拔事。又据法方资料，二月初一，孤拔正在宁波港外指挥法舰封锁甬江，以禁止中国大陆从海路运输米谷。孤拔命令还在基隆的利士比前来替换他，二月初五利士比到达宁波港。第二天，孤拔离去，于二月初七回到基隆港。显然，二月初二，孤拔不可能在安平。既然中法材料都表明两人不可能在二月初二晤见，何来"舌战退孤拔"一事？

中法战后，刘璈被惩治。当时，上海《申报》曾多次发文为其"鸣冤"，历数他在台南防御法军的"功绩"。即便在这些夸张失实的材料中，也从未提及"刘璈舌战退孤拔"一事。可见，此事纯系后来好事者杜撰。连横不察，误采入书，实为败笔。

在刘铭传到达台湾之始，很快就发现刘璈的分区防御方案存在着南北轻重倒置的致命缺点。光绪十一年六月，他奏报清廷："查全台防军共四十营，台北只存署福建陆路提督孙开华所部三营，曹志忠所部六营而止，台南现无大患，多至三十一营。南北缓急悬殊，轻重尤须妥置。”清廷览奏后支持刘铭传：“闻台南兵数尚足，可否调赴前敌，着刘铭传酌度办理。”然而，刘铭传只调到旧部章高元两营，再欲多调兵时，刘璈就消极抵制了。当时台北势危，清廷闻报后于七月又下旨，欲派淮将周盛传赴台协助，后因周未能成行而罢。抗法战争中，除章高元两营外，由刘璈部下调赴基隆、沪尾的仅陈永隆、柳泰和两营，以区区数营与刘璈所统 20 多营相比，实在是微乎其微。

晚清台南的城门

更糟糕的是，刘璈非但没有积极调兵支援台北，当刘铭传在台北前线与法军浴血奋战之时，刘璈却在台南后方搬弄是非。他抓住刘铭传“撤基保沪”一事大做文章，指使手下朱守谟向新任钦差大臣左宗棠暗中汇报：因李彤恩谎报淡水军情紧急，导致刘铭传基隆失守。左宗棠据此上奏弹劾刘铭传。刘铭传则上疏争辩。由于当时文报不通，加上基隆确已陷落，法国方面又开动各种宣传机器混淆视听，诸朝臣纷纷指责刘铭传株守台北，不图收复基隆。刘璈这时又自请辞去兵备道一职，专办克复基隆，故意给刘铭传难堪。在法军封锁之下，刘璈的举动无异于雪上加霜。加之此前他不发兵北援并克扣台北军饷，更加重了刘铭传对他的愤恨。

此外，刘璈还收集到一些台北官绅在沪尾战前不满刘铭传的意见，制造舆论构陷刘铭传，力图动摇清廷对其信任，干扰其作战部署，差点葬送台北的抗法大局。左宗棠也未细查，偏听其一面之辞，加之一些言官推动，致使清廷也一度产生动摇，下达催促刘铭传进攻和收复基隆的命令。在条件不具备的情况下，干扰了刘铭传"固守待援"的作战部署，造成进攻基隆屡次失败。幸亏清廷力挺，刘铭传顶住压力，力排众议，保存了主力，最终坚持到法国撤兵。十一月，当刘铭传电称刘璈意在掣肘台北时，清廷就指示他考虑撤换刘璈，刘铭传在顾及大局的情况下没有立刻执行。

中法议和后，台湾解严。刘铭传以刘璈侵吞公款为由，将其撤任。刘铭传曾奏劾刘璈跋扈难制，称："及臣到台一年，台南军务如募勇造械、动用公款以及地方委差委缺，该道从未请示候批，辄行自办，凡所禀详，偶经批驳，彼置之。"可见其嚣张。清廷派刑部尚书锡珍等进行查处，最后以刘璈父子侵冒公款 2.6 万余两结案。此时左宗棠已病入膏肓，无力再做刘璈靠山。刘璈家产被抄，被流放到黑龙江，最终客死异乡。

刘铭传与刘璈之间的矛盾，历史上被称作“二刘之争”，既是湘淮矛盾在台湾的重演，也反映出台湾防务南北轻重的差异，以及革新派与守旧派的矛盾。淮系虽脱胎于湘系，但长久下来也积聚了不少矛盾。早在同治三年(1864)攻打太平军时，李鸿章已经基本平定了江苏的太平军。此时，他拥兵六七万，洋枪 3 万杆，开花大炮上百尊，实力仅次于曾氏湘军。不过李鸿章并未出兵金陵，以免抢夺曾氏兄弟的胜利果实，但他却进军浙江，与时任闽浙总督左宗棠抢战果，由此，双方矛盾尖锐化。同治十三年(1874)，因“海防”与“塞防”之争，左宗棠与李鸿章再次闹得不愉快。刘铭传曾赴陕甘，配合左宗棠镇压内乱，但也因参奏过左宗棠而造成嫌隙。

扳倒刘璈之后，刘铭传终于可以放手做事。他首先安排湘系人马任职，试图缓和湘、淮紧张气氛，同时保持与北、中两大家族即板桥林维源和雾峰林朝栋的良好关系。由于南部曾是刘璈的地盘，士绅多心向刘璈，因此成为刘铭传推行新政的阻碍之一。

前面说到刘璈指使人参劾刘铭传时，指明是李彤恩误报战况。那么，李彤恩又是何方神圣？下面我们就来谈谈李彤恩这个人，请看下一节“忠心助力”。

## 六、忠心助力

李彤恩与刘铭传的结识是偶然的，两人之前并不相识。起初，李彤恩以浙江候补知府赴台任沪尾通商委员，刘铭传刚到台北时，听湘军提督孙开华称赞李彤恩“办事勤勉，熟悉洋务”，但“现因身弱多病，决意乞退”。刘铭传认为“台北现在用人之际，不可任其乞退”，并托孙开华“致书慰留”。后来刘铭传巡视沪尾防务时，“李彤恩扶病出见，瘦弱不堪”，刘铭传急忙命其“赶紧调养，不必请假”，并命他“兼办沪尾营务”，协助孙开华坚守沪尾。可见，刘铭传和李彤恩的结识纯属偶然。但由于有着建设台湾这一共同的志向，加之两人在诸多重大事情上见解一致，于是惺惺相惜，结下终生不渝的友谊。

李彤恩聪明勤勉，在沟通中外、维系湘淮、抗击法军，以及以后的台湾建设过程中都表现出全面而非凡的能力。

刘铭传、孙开华同为台湾大员，但派系不同，关系微妙。李彤恩办事得力，很快就受到了刘铭传青睐，顺理成章地成为两人之间的沟通桥梁。刘铭传很有大局观，虽然年轻时与湘系有过矛盾，但来台之后一直处处退让，尽力与各方合作，每每请功时也以湘系和他人为主，以至于铭军内部都有一些怨言。当刘铭传需要督促孙开华而又不便出面时，就会让李彤恩从中斡旋。只可惜，孙开华对此并不感恩，反而因此诟病李彤恩。李彤恩在经营填塞海口、安设水雷时，孙开华也漠不关心，任由病痛中的李彤恩多方奔走。

台湾历来就属瘴疠之地，不少外地人到后，会产生因气候所致的各种不适。刘铭传率部前往后，当时“基隆疫作，将士十病六七，不能成军”，所属 9 营仅有千余士兵，“内中尚有抱病勉强应敌者”，因当时法舰对大陆沿海封锁，大陆援兵补给难以到达。刘铭传原本认为“土枪不能御敌”，不愿招募土勇，幸而李彤恩慧眼识英雄，“力保张李成打仗奋勇”，组织土勇 500 名，发给后门枪 200 杆，令其助防。在上文所述沪尾大捷中，“张李成包抄得力”，土勇表现出色。梨园弟子成为抗法英雄，并因此改名张李成，“谓李氏所成就也”，从而成就一段佳话。

基隆首战后，面临法舰进攻的危险，李彤恩建议填塞港口以阻止法军。刘铭传肯定其建议，同意他和孙开华“备堵口石船，接连沉塞”。时值秋茶上市，英商害怕影响生意，不惜恫吓阻挠封港，经李彤恩同“英领事往复辩论”，晓以利害，于是“用木船 10 艘，装满石块，沉于口门，只留一条仄道可通小船，并在主航道上布设水雷”。此外，李彤恩还约束外籍引水员和外国船舰，要求他们中立，不要为法军所用。准备就绪之后，“隔日法船即至，英兵船告以口门堵塞，随即驶回”。当孤拔 7 月 20 日乘炮舰到沪尾侦察时，虽然“托英兵船代觅引港之人”，但无人应征。李彤恩主持布下的水雷更成功阻止了法军顺流而上。刘铭传认为：“若非李彤恩先期塞口，法船混入一只，台北已不堪问。”当然，有人认为此举也是导致后来淡水港淤塞以致没落的原因之一。



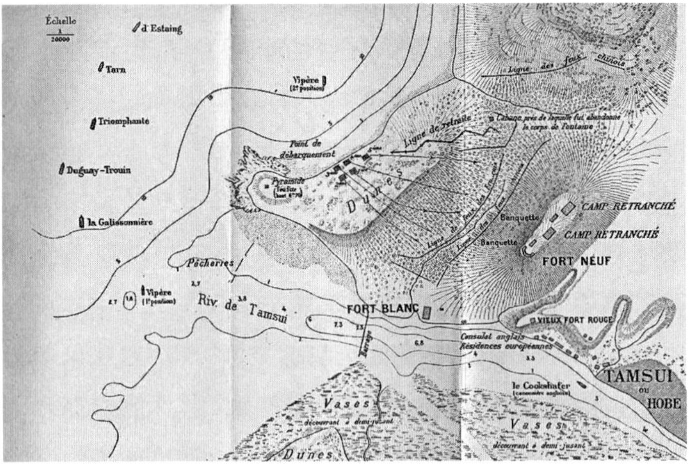


法军所绘淡水图

清军在沪尾对法军作战时，由于军饷不足，刘铭传曾命李彤恩、郑建中会同林维源“办理捐借饷事”，向城乡殷户借银票20万元，使军饷及时发放，大局得以稳定。大敌当前之时，绅民“听其（李彤恩）分派捐借”，而“毫无勉强”。军民一心，同仇敌忾，表现出广大台湾人民的觉悟，也充分显示出李彤恩很强的影响力。

在刘铭传看来，中法战争中的李彤恩，亲力亲为，居功至大。而左宗棠却以派系偏见，仅凭刘璈和朱守谟之言就参劾，刻意炮制了“李彤恩案”。左宗棠指责刘铭传轻信李彤恩“三次飞书”，轻率决策导致基隆失守。表面上怪罪李彤恩，实则是诬陷刘铭传。



目睹体弱抱病却竭力守台的李彤恩，刘铭传怎能不对那些诬告之书感到愤慨？为此，他特意向朝廷呈上《复陈台北情形请旨查办李彤恩一案以明是非折》，针对上谕和参劾，一一为李彤恩辩解。

刘铭传指出，基隆撤守之责不在李彤恩，而是他事先确定的战略撤退，“基隆疫作，将士十病六七，不能成事”，“炮台尚未完工，又无营垒，地势坦平，无险可扼”，他料敌兵必由仙洞登岸，所以“同曹志忠等密商”，认为必须“预备回援沪尾，以保后路”，十三日他同时收到了孙开华、李彤恩、刘朝祜三人的告急信，并称“法船五只直犯口门，升旗开炮”,怎么能说是李彤恩一个人在“虚词摇惑”?若果真是因为李彤恩“仓皇之中”三次飞书告急,导致刘铭传“仓猝拔队退回”,又怎能做到“军装、锅帐以及伤病勇丁,毫无遗弃”?

刘铭传用事实逐条驳斥了左宗棠上疏的不实,陈述李彤恩非但无罪,而且有功。他同时呈明李彤恩“先期塞口”以阻止法军,“办理捐借饷事”,招募“张李成土勇得力”等功绩;说明李彤恩原本“决意乞退”,然而为台湾毅然留下,“不领薪水,未邀保奖”,且所办之事“有裨于大局皆非浅鲜”。在一番恳切陈词之后,刘铭传最后表示:“如果左宗棠所参情事属实,臣妄用匪人,办理不善,贻误时机,应请将臣一并从严治罪,以明国法而昭公允。”言辞坦荡,充分表明他力保李彤恩、与其共进退之决心,足见刘铭传爱才心切。

虽然刘铭传上疏力保,但清廷还是认可了左宗棠的参劾,李彤恩终因“贻误戎机”获罪,被“驱逐回籍,不准逗留台湾”。而刘铭传竟“要求清廷开去他巡抚缺并销督办差回籍贯养病”,为此,他还消极不理事达半年之久。光绪十二年(1886)四月,刘铭传再上呈《奏留李彤恩片》,提出“李彤恩所办通商矿磺,非熟悉洋务之员不能接办”,要求仍将李彤恩“留台差遣”,这次清廷终于“破例应允”,刘铭传方才恢复正常工作。

李彤恩以羸弱抱恙之躯，在台北遇袭时能竭尽全力组织各方力量持守，却事后无辜获罪，可谓命途多舛。幸而刘铭传对其有知遇之恩，李彤恩才能再次投入建设台湾的事业中，协助刘铭传进行设招商局、架设电报、修建铁路等建设，直至光绪十四年(1888)在任上去世，可谓鞠躬尽瘁。一直以来，各方人士对其称誉有加，“素有才干，勇于任事”“在商人中素孚众望”“洋务里手”都是人们对他的基本印象。

列车经过龟仑岭古道之景

据《马偕日记》1888年10月16日记载：“昨夜得悉‘李高功’在大稻埕静静地去世。和他交涉，他始终公正而正直。他是我在清国官界最好的朋友。"根据英国官方档案,当年7月,马偕牧师通过英国领事费里德(Alexander Frater),向巡抚刘铭传提交中法战争期间教堂损失清单,列出新店、艋舺、和尚洲等七个教堂及损失物件,总计金额12481.60银元。该年8月马偕前往艋舺见费里德和李高功谈教堂赔偿事宜。9月,与马偕沟通同意赔偿金额为1万银元整,而"李高功十二年来很公正",深孚众望,刘铭传始终信任其办事能力。马偕所说的"李高功"就是李彤恩。可见,不仅国人赞誉李彤恩,国外人士对他的评价也是如此。

李彤恩协助刘铭传并参与对台湾的多项事业的建设,虽然不过两年光景,他却与刘铭传一起,为台湾的近代化建设做出了开拓性的贡献。

台湾铁路建成通车后,交通运输业迅速发展。茶叶、樟脑等通过铁路运到基隆港口,再运到大陆和海外,出口量大增。物畅其流,人尽其力,商务繁兴,刘铭传的夙愿得以实现,昔日倾心相助的李彤恩也可以含笑九泉。

中法战争之后,台湾百废待兴,刘铭传将在建设台湾中大展宏图。欲知刘铭传如何倾力建设台湾,请看下一节"台湾建省"。

# 第五章　封疆拓台



## 一、台湾建省

中法战争之后，光绪十一年（1885）台湾正式建省，由此它成为大清第 20 个行省。这年，50 岁的刘铭传因为在中法战争中保台有功，正值督办台湾军务且有福建巡抚头衔的刘铭传，被任命为首任台湾巡抚。

回顾台湾建省的历程，也经历了一个较长的酝酿期。

康熙二十二年（1683），郑克塽降清，结束了两岸分裂对峙局面，国家统一。清廷在台湾设立一府三县，隶属福建省。由此，台湾进入一个全新的历史时期，与此同时，成千上万的闽粤移民争相渡海来台。

乾隆初年，台湾的汉人居民已由原来的 3 万余人增加到 45 万人之多，行政建置也由一府三县增为一府四县二厅。乾隆二年（1737）四月，内阁学士兼礼部侍郎吴金上奏建议“将台湾另分一省，专设巡抚一员，带兵部侍郎衔”以资弹压，以此加强海防建设。奏议虽被驳回，但这一奏议应是台湾建省的最早建议。

至嘉庆十六年(1811)前后，由于大陆移民不断迁入，台湾人口已增至近 200 万人。第二次鸦片战争后，台湾与牛庄、潮州等作为新增辟的通商口岸对外开放，列强势力纷入台湾。当时清廷限制大陆人民渡台、禁止人民进入内山“番地”，消极治台，疆防废弛，为以后列强入侵提供了可乘之机。

同治七年(1868)，先后发生了美国商船在台沉没，以及英、德商人占垦大南澳等侵犯中国领土主权的事件。接着，日本更以琉球船民被台湾少数民族杀害为借口，于1874 年悍然出兵，在台湾南部琅峤登陆，对牡丹社等大肆烧杀，并在当地修路建房，意图长久霸占。事后清廷通过外交途径予以解决，但在朝野震动极大。时任钦差办理台湾等处海防兼理各国事务大臣的沈葆桢提出：“宜仿江苏巡抚分驻苏州之例，移福建巡抚驻台。”后经吏部与总理衙门商议，同时参考闽省督、抚意见，清廷最终于光绪元年(1875)十月下旨规定福建巡抚于冬春驻台，夏秋驻省，以期兼顾两地。

光绪二年(1876)春，新任巡抚丁日昌到闽后即因忙于整顿吏治和救灾而无法分身渡台，侍郎袁保恒于十二月在《密陈夷务疏》中提出改福建巡抚为台湾巡抚的主张。总理衙门对袁折加以议驳，台湾建省方案再次被否决。

在沈葆桢和丁日昌任期，均为台湾的海防建设打下过一定基础。十年后，中法战争引起清廷第二次海防大讨论。中法议和，在法国撤兵之后，台湾建省一事终于成为现实。

1885 年 10 月 12 日，清廷根据醇亲王奕譞、庆亲王奕劻，以及李鸿章等大臣的奏请，正式下诏：

> 醇亲王等奏称台湾要区，宜有大员驻扎等语。台湾为南洋门户，关系紧要，自因时变通，以资控制。着将福建巡抚改为台湾巡抚，常川驻扎。福建巡抚事，即着闽浙总督兼管。所有一切改设事宜，该督抚详细奏明办理。钦此。

在台湾建省诏书下达的同一天，清廷还颁发了成立海军衙门的谕旨。经过中法一役，清廷上下都认识到台湾战略地位的重要性和建省的迫切性，甚至在第一次海防大讨论中与李鸿章唱反调的左宗棠，此时也抛弃门户之见，极力主张台湾建省。左宗棠在临终前不久上奏的《台防紧要请移福建巡抚驻台镇摄折》建议："将福建巡抚改为台湾巡抚，所有台澎一切应办事宜概归该抚一手经理。庶事有专责，于台防善后大有裨益。"之前，由于左宗棠平定阿古柏叛乱，西部肃清，清廷已于光绪十年（1884）九月三十日宣布新疆建省。



而刘铭传对于台湾建省，则小有反复，在中法战争之后不久，他上奏《法兵已退请开抚缺专办台防折》，要求开去福建巡抚一缺，专办台防。他认为身兼福建巡抚不能专注于台湾事务。但接到台湾建省的圣旨后，由于担心一旦闽台切断关系，湘系官员掣肘，缺乏经济支持，于是又上了《台湾暂难改省折》，认为要等到台澎善后事宜，以及练兵、设防、抚番、清赋等工作完成后，再来建省。次年四月，刘铭传赴福州拜见闽浙总督、左宗棠的老部下杨昌濬，才得知根据左帅的临终意愿，福建已

奕譞（右）与左宗棠（左）合影

划定每年协饷44万两支援台湾。此时，担忧解除，刘铭传定了心，全身心投入建省工作。左宗棠之前虽然多次与刘铭传为敌，但在台湾建省一事上，还是不计前嫌、鼎力支持，实在难能可贵。

抗法保台的实践，使刘铭传深深意识到加强台湾防御能力的重要性。他在光绪十一年(1885)六月上奏朝廷的折子中写道："台湾为东南七省门户，各国无不垂涎，一有衅端，辄欲攘为根据。今大局虽云粗定，而前车可鉴，后患方殷。一切设防、练兵、抚番、清赋诸大端，均须次第筹办。"

台湾建省后，刘铭传采取了一系列加强台湾防务的措施，提出了"辟全台自有之利，养全台自守之兵"的思想。其一，练兵整军。刘铭传很注重学习西方军事技术，光绪十二年在台北设立总营务处，台中、台南设营务处，精减兵员，统编成35营，聘请洋人担任教官，依照西法训练。其二，划分防区。之前，台湾道刘璈曾以台南为重点，把台湾划为前、后、南、北、中五个防区，兵力配置不平衡。光绪十三年，刘铭传将全台划分为北、中、南和后山四个防区，较为合理地配置了兵力。其三，兴办军事工业。光绪十一年，刘铭传饬令记名提督刘朝干在台北大稻埕督建军械机器局，创办台湾第一家军工机构。机器局聘请外国工程师，自制枪弹。此外，刘铭传在大隆同设立火药局。又在基隆和沪尾两地设立水雷厂和水雷营，制造和安设水雷。从此，岛内军需基本上达到自给。其四，增修军事设施。刘铭传在基隆、沪尾、安平、旗后、澎湖等五处海口各修建西式炮台2座，从英国购回31门当时较为先进的后膛钢炮和一些加农炮，分别布防。此外，刘铭传很注重民间力量，特委派林维源为团练大臣，在台北设立团练总局，各府县厅设分局，各乡设团，分段自卫，维持治安。在刘铭传的大力整顿下，这些军事设施，与铺设的电缆、修筑的铁路，共同提升了台湾军事防务力量，加快了台湾军事近代化的步伐。

刘铭传题词“北门锁钥”的沪尾炮台

值得称道的是，光绪十一年(1885)，刘铭传根据在台湾一年的考察，向朝廷上《条陈台澎善后事宜折》，明确提出“澎厦联防”的主张。他说：“综观全局，澎湖一岛非独全台门户，实亦南北洋关键要区。守台必先守澎，保南北洋亦须以澎厦为莞钥……此澎厦设防，实关系全局，非仅为台湾计也。”刘铭传的这一“澎厦联防”实则“闽台联防”的防务思想，是从他亲历中法战争的教训中得出的，福建水师全军覆没、法军对台湾海峡的封锁，更让他意识到澎厦设防、沿海联防关乎全局，这种理性的考量非常具有战略眼光，直到今天对掌握台湾海峡制海权仍具有现实意义。

清初，台湾仅一府三县。刘铭传治理时期，在台湾设三府一州十一县五厅，将台湾分为南、中、北和后山四路。中路为台湾府，下设台湾、云林、苗栗、彰化四县及埔里社厅。南路为台南府，下设安平、嘉义、凤山、恒春四县及澎湖厅。北路设台北府，下设淡水、宜兰、新竹三县和基隆厅。后山设台东直隶州，下设卑南、花莲两厅。这一套新的行政设置，奠定了以后台湾省行政区划的基础。

台湾既已建省，刘铭传又加强了军务，接下来需要解决的就是民生、经济等问题。其中，台湾的赋税一直是个令人头痛的问题。欲知刘铭传如何解决这一难题，请看下一节“清赋‘抚番’”。

## 二、清赋“抚番”

刘铭传上任之初，台湾的财政入不敷出，原因是田赋紊乱，税收虚糜。为了减轻负担，刘铭传大胆提出了“以台之财，供台之用”的主张，在台湾进行丈田清赋，这也是台湾历史上第一次划时代的赋税改革。

在清廷长达 200 多年的统治中，台湾土地所有权的变化频繁，但一直没有进行过全面清查。刘铭传经过调查后发现，“究之正供粮课，毫无续报升科。如台北、淡水田园三百余里，仅征银一万三千余石。私计隐匿，不可胜穷”，造成“强者有田无赋，弱者有赋无田”，反映出台湾田赋的极端混乱。

光绪十一年(1885)，刘铭传上奏说：“臣不谙吏治，昧于理财，时与沈应奎商量，办理之法，必先清查户口，再谋次第举行。”次年，他还会同闽浙总督杨昌濬上请丈量田亩，清查赋税。清廷批准，翌年便在台北、台南两地设清赋总局，各县厅设分局，以司其事。经过三年清赋，田赋混乱的状况得以扭转，台湾田地面积从清赋前 7 万余甲，增加了 3 倍多，达约 30 万甲，田赋收入年 67.44 万两，较原额增加 49.1 万两，增加近 3 倍。

此外，为了整顿税收，刘铭传还在台北设立了厘金总局。经过整顿后的茶税年增 13 万两，盐税年增 12 万两，樟脑、硫磺年增 30 万两，加上其他收入，财政总收入由 110 余万两激增至 300 余万两。

清赋一改台湾财政入不敷出的状况，清廷每年向台湾提供的44万两福建协饷，于光绪十六年(1890)完全停止。清赋不仅实现了“以裕饷需”的目的，也为进行各项建设提供了财力保证。

然而，清丈土地这一举措，受到地主豪绅的强烈反抗。一些望族借机聚众闹事。李彤恩挺身承担责任，为刘铭传解围。就当时来说，台湾隐匿很多土地田产，地主已经习惯于多年低赋税甚至无赋税，突然一个政令就让人清丈，连小财主的思想难免都有抵触，更不用说那些占地甚多甚广的豪族了。

此外，刘铭传还以卓越的眼光，加强招抚深山少数民族部落，并视之为巩固防务的重要力量。他兼任抚垦大臣，将全岛山地划为南、北、东三路，各置抚垦局及分局，积极招抚民众和开拓“番地”。据记载，在光绪十二年至十三年间，各路共招抚部落400余社，人丁7万余人，可垦田数十万亩。由于动用部分军力“开山抚番”，也有部分山民就抚后又逃往深山的。在当时的情况下，刘铭传只能剿抚并重。经过四年努力，取得了显著成绩，各路少数民族逐渐向化。他还特别召集山胞社长送子入学，提供衣食，在台北府教育之，务使其读书日久。如：“大嵙崁抚垦局所收番童已二百人，乃父若母时来探望，莫不鼓舞欢欣。启番童之颛蒙，即以资众番之观感。”其余抚垦局，一律效仿此行。在此之前，台湾少数民族和移民仇杀较多，纷争不断，刘铭传治理时已有不少改善，他认为“抚番”不可心急，“只可潜移，未容强致”。

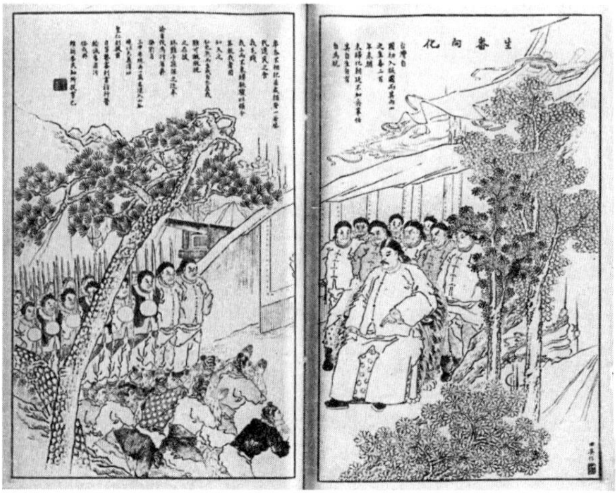


《点石斋画报》刊载的《生番向化图》

当时一些山民为生计往往杀人越货，当地话称“抬郎”。刘铭传进山“抚番”，还针对山民文化程度、性格习俗等，编了一首通俗的《劝番歌》：

劝君切莫去抬郎，抬郎不能当衣粮。

抬得郎来无好处，是祸是福要思量。

百姓抬你兄和弟，问你心伤不心伤？

……

莫如归化心不变，学习种茶与耕田。

剃发穿衣做百姓，有衣有食有银钱。

凡有抬郎凶番仔，哪个到老得保全？

你来听我七字唱，从此民番无仇怨。

进山不仅要披荆斩棘，凿路开道，还要面对水土不服和瘴疠侵袭。但刘铭传仍充满了信心。

清末台湾北部少数民族

刘铭传还调集力量，在光绪十二年（1886）开通了一条自集集（今南投县集集镇）至水尾（今莲花县瑞穗乡）的长达 180 里的横贯中央山脉的大路，使东西海岸连通，在海防上具有重大意义。

刘铭传入台前，台湾很多经济产业为西方人所掌控，建省后，他力图有所改观。欲知中西争斗结果如何，请看下一节“与敌争利”。

## 三、与敌争利



台湾建省后，刘铭传立即着手进行规划，除了加强台湾的防务力量之外，又根据台湾资源特点，在任内数年中，逐步在台湾兴办了许多关乎民生的经济产业。

樟脑、硫磺一直以来就是台湾特产，郑芝龙踞台时，即有制脑售至日本。清治台后，封禁“番地”，严禁民间制脑，但因有利可图，“使私熬日盛，法令几不能禁”。台湾开港后，外商渐至，大搞樟脑走私活动，在台采购每担8美元，贩至香港中转为16美元，其暴利可见一斑。1855年，美商罗比内特在打狗收购樟脑而成巨富。咸丰十年(1860)分巡台厦兵备道陈懋烈议呈樟脑事业归官办，在台北艋舺街开设“料馆”专门管理；同治五年(1866)，分巡台湾兵备道吴大廷再次严禁把樟脑直接卖给外商。在清廷把樟脑业统归官办而严格取缔民间售给外商的情况下，引发与英国樟脑商的国际纠纷，同治七年，英舰来袭安平港。于是，清廷乃颁布《外商采买樟脑章程》，实为变相撤销了樟脑官营。

刘铭传主政后，在台湾设脑磺总局，改用新法熬制，年获利达 3 万余两。光绪十二年(1886)，刘铭传再把樟脑收归官营。

西班牙殖民者占台北部时曾对硫磺进行掘取，清治台后因产地位于“番境”，恐“奸宄潜至，私制火药”，于“乾隆中，出示禁止，嗣命屯丁守之”。后经沈葆桢奏准开禁，採备官用。刘铭传到台后，正确审视了脑、磺生产的形势，在 1887 年给光绪皇帝的上奏中分析道：“台湾产脑年约出万石，如归官办，每石可获利两三元，硫磺年出六七千石，但积聚三千余石，官既不用，商禁不开不能出口、不独糜弗也弃置可惜”，“既听日本畅销，又不能禁止私熬”，因此他打算将樟脑、硫磺两项归官收买出卖，建议：“以目前情形而论，年可获利三万余元。以后若能出产较多，销路较畅，经理得人，日渐推广，以自有之财，供无穷之用，实于国计民生，两有裨益也。”陈词恳切，翌年得到批准后，即在台北设脑务总局，在大嵙崁、三角、双溪口、云林、埔里社、罩兰等六地设分局。凡入山制脑者，须经官府批准，所制樟脑统归脑务总局收购，售予特许行商。另在台北设磺务总局，北投及金包里各设分局经办採购硫磺。

这样，在官办的形式下，樟脑、硫磺生产合法化，促进两者大幅度增产。据《光绪台湾通志》记载，当时“岁出樟脑六七十万斤，纳防五六万两。支局用一成外，岁收赢余银四万余两”，“岁出硫磺六七十万斤，收赢余银三四千两”。

刘铭传促进脑磺生产及出口的政策，体现了洋务派的“商战”思想。他立足于台湾特有的优势，敢于同外商在国际市场上竞争，而且取得了显著成效。台湾的脑磺生产从此正式进入国际市场，成为近代台湾的重要出口物资。当然，外商们也不甘退出，继续勾结民间私熬私购，扰乱市场。1890 年，英商私购樟脑千余石，被官府没收，英国领事向北京总理衙门提出“抗议”，其他各国驻京公使也借机要求停止官办。清廷孱弱，不得不满足其无理要求，樟脑又复归民营，脑务总局并入磺务总局，改称为磺脑总局，官办樟脑业务大损。刘铭传对此无能为力。

制糖和制茶也是台湾两大产业，刘铭传初任台湾巡抚时，茶业、糖业均为外国洋行和买办所控制。

甘蔗为台湾重要经济作物，除小部分供本岛消费外，大部分运销岛外。荷据时期荷兰商馆就十分注重蔗糖生产，明崇祯十三年(1640)前后台湾蔗糖产量就已达 4500 石。明郑时期，蔗糖曾远销日本、吕宋(今菲律宾)及欧洲

1859年台湾蔗糖包装工厂作业图



等地。清朝后期台湾蔗糖产量不断增长，同治、光绪年间台湾蔗糖曾大量出口。同治九年至十三年（1870—1874），年均75万石（每石100斤计算），光绪元年至二十年（1875—1894），年均81万石，呈稳步增长态势。其中，光绪二年、六年、十年，由于当时台湾蔗糖外销形势良好，加上蔗农扩种，天气适宜，甘蔗获得大丰收，年产量均超过100万石。而光绪十二年（1886），由于法军侵台，蔗农减少种蔗，改种植粮食作物，加之法军封锁，台糖不能外运等原因，糖价惨跌，致使当年糖产量降至历史最低，糖业严重受损。同年，英商拒绝接受台湾官府新的糖税征收制度，退出台湾蔗糖业，该年蔗糖收获只有39.8万石。面对糖业下滑局面，刘铭传采取了两条措施，一是整顿糖商欺诈恶习，提高出口台糖质量；二是鼓励糖商用新法制糖。他曾赞助台湾商人沈鸿杰从德国购进先进制糖机器，用新法制糖。通过整顿，台糖外销状况大为好转。

李春生

陶德

关于台湾茶业，必须要提到两个重要人物。一是英国商人陶德(John Dodd)，二是来自厦门的买办李春生。陶德于1865年来到台湾，设立宝顺洋行(Dodd &Co.)进行贸易活动，贩卖茶业、鸦片和樟脑。李春生1866年起担任宝顺洋行总办。最初陶德与李春生做的是樟脑生意，当李春生陪同陶德前往大溪察看樟脑生产过程中，发现途中山麓有许多野生茶树，于是建议陶德由福建安溪输入优良茶种。后来他们贷款并提供种苗给农民种植，教导其烘焙、制茶，交货时无息扣掉贷款，再销往海外。农户因有利而勤于生产，使茶业在短期内迅速发展，由此开创了台湾茶业贸易蓬勃之势。两人又劝茶农种花，如茉莉、素馨、栀子，并以花熏茶，增其风味。种花使每甲收成多至千元，比种茶更有利，所以艋舺、八甲、大隆同一带多以种花为业。当时乌龙茶为台北特产，多销往美国，“茶业大兴，岁可值银二百数十万元”。同治八年(1869)苏伊士运河开通，陶德与李春生雇用了两艘大船，从台湾运送 2131 石乌龙茶直航美国，可谓是空前绝后。茶叶价格也从原来的每石 15 元涨至每石 30 元，一年翻番。而李春生也因有功于台湾茶业的发展，被誉为“台湾茶叶之父”。

当然，除了陶德、李春生，厦门、汕头等地还有其他商人来台北设立茶行。当时二三十家茶行，雇工多为安溪人，春至冬返。不少贫家妇女以采茶为生，也带动了台北市的发展。及至刘铭传任巡抚，奖励茶业，种茶者愈多。他还发动茶商组织“茶郊”与外国资本对抗。

李春生还经营煤油等行业，数年间获利丰厚，富甲一方。他还与板桥的林维源共同出资兴建了千秋、建昌二

英国人所绘外国人在台湾旅行图

街，出租给洋行和茶商使用。茶业的兴盛，带动大稻埕初期的繁荣。

由于台湾在同治九年至光绪二十年(1870—1894)茶叶外销的成绩非常突出，引起日本和美国的注意，后来日本在《马关条约》谈判过程中，坚持要求清政府割让台湾，其中一个原因就是茶业之利。

除了上述与外商竞争的经济项目，刘铭传还进行了其他产业开发，使台湾向近代化迈进了一大步。欲知这些产业开发详情，请看下一节“实业开发”。

## 四、实业开发

台湾建省后，刘铭传一手擘画、建设台湾，城市建设以台北为重。刘铭传以"一隅之设施，为全国之范"，几年中台北的基础建设就可媲美当时世界先进国家。刘铭传置身于国家危难之际，深知列强瓜分中国的野心，又亲自指挥过中法战争，亲历丧权辱国的不平等条约。作为台湾近代化的奠基者，他一直追求的，就是自强救国的理念。而台湾，就是他实践理想的地方。

其一，修建铁路。铁路是近代工业社会的重要标志，也是国家富强的象征。当时，全世界列强争相铺设铁路，发展较晚的日本也于 1872 年在东京和横滨间铺成第一条铁路。俄国在 18 世纪中期大兴铁路。

刘铭传是近代中国倡导兴修铁路第一人。早在光绪六年(1880)任直隶提督期间，他就上过《筹建铁路以求自强折》，认为："中国自与外洋通商以来，门户洞开，藩篱尽撤，自古敌国外患，未有如此之多且强也……俄人所以挟我、日本所以轻我者，皆以中国守一隅之见，畏难苟安，不能奋兴。若一旦下造铁路之诏，显露自强之机，则声势立振，彼族闻之，必先震詟，不独俄约易成，日本窥伺之心亦可从此潜消矣。"他特别强调铁路有利于漕赈商矿、厘饷行旅，尤其是"用兵一道，尤为急不可缓之图"。他主张以北京为中心，分修南北干线四条，通达全国。惜乎，因守旧者反对，未能为朝廷采纳。

所幸刘铭传主政台湾后，将这一理想部分付诸实践。光绪十三年(1887)，他奏请在台湾修铁路。在此之前的"甲申易枢"，恭亲王奕䜣下台，醇亲王奕譞掌权。由于奕譞热心支持洋务，加之李鸿章等人的助力，这次上奏终获朝廷准允。而台湾铁路的策划人和委办人正是前面提到的李彤恩。在李彤恩的协助下，募集民间资本，发行铁路

台湾第一个火车头"腾云一号"

股票，以利润摊还本息。一时之间，购者甚众，保证了台湾铁路如期动工。台湾铁路分为南北两路，北路由基隆至台北；南路由台北至台南。1893 年当铁路修至新竹时，李彤恩不幸去世数年后，委办杨宗瀚也因病告假，以致“商民观望不前”，最后只完成北段铁路，全长约 99.2 公里。南段铁路修至新竹时便被迫停工。

尽管如此，台湾铁路成功铺设意义非凡，这是我国自行修建且享有主权的第一条载客铁路。铁路兴建后，台湾对外贸易额持续上升，极大地改善了北部的交通状况，加强了北部的防务，促进了台湾的经济开发，同时与大陆经济联系也更加紧密。作为史学家且曾任台湾海关税务司的马士（H. B. Morse）称赞台湾铁路：“并非纯然为了军事的原因……而是为了有助于台北一大稻埕一艋舺三区合成的商业中心地的贸易，这三个地区共同构成了淡水港的贸易基础。”

其二，设招商局及开发航运业。《天津条约》签订后，台湾被迫开放。此后，外国轮船接踵而至，其中英商德忌利士洋行开辟了台湾与大陆、香港的定期航班，独断台湾的轮船航运业。光绪六年（1880），刘铭传在台北创办商务总局，在新加坡设立招商局（后改名通商局），派李彤恩和张鸿禄“偕赴南洋，考察商务，招徕华侨，以筹资兴产”。

当台湾行将修筑铁路的消息在南洋一经公布，立即得到多方响应，新加坡、西贡闽商陈新泰、王广余等人“俱愿回籍合办台湾商务”。不到两个月，南洋招股即达 70 万两。刘铭传还用募款从英国、德国和香港购来 10 艘商船，设轮船公司，以补筑路费用之不足。此后，台湾航船运行于台湾各港以及与香港、上海 、新加坡、西贡、吕宋之间，打破了英商垄断的局面，有效地推进了台湾的商贸发展。



其三，发展电信以及邮政事业。刘铭传就任台湾巡抚后，深感“电报关系海防交涉重务”，尤其台湾乃“海外孤悬之地，一旦与内地息息相通，所裨于海疆甚巨”。光绪十二年(1886)，刘铭传引进外资在台北设立电报总局，由德商泰来洋行承办台北至基隆和台北至台南的电话线路。另铺设两条海下电缆，由上海英商怡和洋行承办，一条自淡水到福州，一条从安平到澎湖，水陆线共长 700 余公里。这使台湾成为当时全国最早架设电话的地区。他上任不过两年，主要城市嘉义、台南、彰化、新竹、基隆、台北，都已设有电报局。这样，台湾水陆电线衔接，不仅省内信息畅通，而且与大陆各省的联系也极为便捷。

光绪十四年(1888)，刘铭传在台北设立邮政总局，这比中国邮政总局的开办还早了 8 年。他又将购置的“南通”和“飞捷”两艘轮船作邮船，往来于上海、福州、厦门、香港等埠，平均每月出入邮件达一万三四千件。发行官用和民用邮票两种，后者收费。以光绪十五年(1889)为例，年收入邮款约达1万两。当时，大陆邮政尚隶属于海关，刘铭传创办的独立经营的邮政事业，在全国是首创。当时台湾的邮件，改由营汛分拨兵丁传递，酌给费用，各站另雇书识，专司站务，采用中西结合的方式，由道员陈鸣志总督办。仅此一项，每年比旧驿站节省费用五六千两白银。电信、邮政事业的发展，加强了台湾内部及与大陆各省之间的通信联系。

其四，兴办近代工矿企业。在刘铭传抚台期间，兴办工矿企业十几项，其中最重要的是基隆煤矿。基隆煤矿最早由沈葆桢主持创办。中法战争期间，基隆煤矿遭到破坏。光绪十三年(1887)刘铭传设立煤务局，采用官督商办的方式，继续开发基隆煤矿，他还购买了新式机器，使煤矿的生产逐渐恢复，每日可产煤百吨。此外，他还相继开办了许多中小煤矿。到1891年，全台煤年产量已达7.7万吨。

刘铭传陆续设立煤油局、蚕桑局、樟脑总局、机器锯木厂等。1887年，在苗栗设矿油局，委派林朝栋兼办，用新式机器开采后垅煤油。1886年，在台北设官医局，招聘西人为医生，将西医引进台湾。1889年，民间资本开设采用西式机器的“煤砖”制造厂。这一时期兴办的新式工矿企业数量不多，也非纯粹的近代资本主义企业，但仍给台湾带来崭新的生产和经营方式。

台北是中国最早有电灯的城市之一

值得一提的是刘铭传对台北市的建设。他动员富豪林维源、李春生投资合建千秋、建昌二街，吸引江、浙商人集资设立兴市公司，兴建大量商店；聘日本人开凿新式水井，安装自来水；装设电灯；从国外引进蒸汽碾路机，修筑现代马路；从上海引进人力车及马车；修建可以启闭的大稻埕铁桥。在几年之内，就把台北建成为国内罕见的近代化城市。

其五，创立新式学堂。光绪十三年(1887)，刘铭传仿照京师同文馆在台北创办台湾历史上第一座西学堂，以解决"翻译取才内地，重洋遥隔，要挟多端"之弊。西学堂聘外国教习讲授外语，以及数理化史地等课程，聘中国教习讲授中国经史子集和文化，兼任学生监督。第一批招收学员 64 名，费用全部由官学开支，年支银 1 万余两。

刘铭传创办的台湾历史上第一座西学堂

光绪十六年(1890)，在即将离任之际，他还在台北创办电报学堂，招收学员 10 名，专授电信技术。

刘铭传在台湾施政虽然只有 6 年多时间，但他大刀阔斧地进行改革，从台湾的交通、电力、电信、土地改革，到军事、制度以及教育各层面，受到了各国人士的称赞。当时的日本驻福建领事到台湾考察后，盛赞台北的市容："与当时的东京或上海的租借地一样整齐干净，是中国最现代化的城市之一。"

遗憾的是，醇亲王奕譞于光绪十七年(1891)初过世，从此，刘铭传失去最有力的支持者，很快便为朝廷保守势力和既得利益者所排挤，比如对基隆煤矿，官督洋办遭否决，官督商办也未获准，最后他被清廷革职留用。这让他深感"不死于敌，必死于谗，冰蘖孤怀，至今心悸"，加之健康每况愈下，痛心之下，只得请辞数次，最后黯然离台。台抚一职后由原湖南巡抚邵友濂接任。邵友濂采取了收缩政策，如台湾铁路建到新竹后即停工，一些刘铭传已筹设而未动工的项目也一一取消，清朝在台湾的近代化建设从此进入尾声。

回顾刘铭传驻台6年，因清廷政策以及各方原因，未能建立台海的海军舰队，而他兴办的近代化实业，其深度、广度也有限，在新政过程中，也出现过规划、经营不善，官员贪污，中部贫农武装反抗等问题，虽未竟全功，但仍开启了台湾官办近代化建设的先声，是清治200多年中最为积极的一段时期。

欲知刘铭传离开台湾后晚景如何，请看下一节"悲愤辞世"。

# 五、悲愤辞世

刘铭传是在新政全面铺开、壮志未酬之下被迫辞职离开台湾的。他虽“养疴田园，每念中国大局，往往彻夜难眠，眦裂泣下”。在台湾时，他曾登上基隆山，用望远镜向东观望，感慨地说：“彼葱郁者非日本三岛耶？失今不图，吾且为彼虏乎！”真是不幸而言中。

日军击沉“高升号”手绘图

回到大陆后，刘铭传为了解日本国情，曾聘请一位日本名士仓信敦在幕中，但不让这位日人参与军务。闲暇时和他下棋，询问有关日本的风土民情。

就在刘铭传退隐不久，光绪二十年(1894)五月，日本借口帮助平定“东学党”起义，派海陆军近万人入侵朝鲜。令人痛心的是，日本在战前成功破解了清军的电报密码，致使清军惨败。光绪二十年六月二十三日，日本“浪速”

日本天皇明治戎装照

号巡洋舰悍然击沉航行在朝鲜丰岛海面上的"高升"号，造成清军871名官兵死亡。4日后日军不宣而战进犯驻守牙山的清军。刘铭传担心的中日战争爆发了。

而在此之前几十年中，日本以清朝为假想敌，进行了全方位准备。早在1855年，日本幕府就聘请荷兰教官在长崎设立了海军传习所。1872年，日本建立了现代征兵制。1878年成立参谋本部。1884年，日本军国主义鼻祖福泽谕吉更是发表了"告别东方恶友"的《脱亚论》，疾呼："我国不可待邻国开化而与之共兴亚细亚，莫如脱其行伍，与西洋文明国共进退。"1887年天皇谕令："朕以为在建国事务中，加强海防是一日也不可放松之事……兹决定从内库中提取三十万元，聊以资助。"中法战争爆发后，福泽谕吉更显示出其野心，说："世界各国相对峙，势同禽兽相食，食者乃文明国，被食者乃不文明国，我日本国应加入食者的行列，与文明国一起以求良饵。"这哪里是文明国，分明是禽兽国！

相比日本，清朝直到同治五年（1866）才设立了中国第一所近代海军学校——马尾船政学堂，晚于日本11年。北洋舰队在光绪十四年（1888）成立时，号称进入世界八强，有相当实力。但此后数年舰队建设就基本停滞，仅添置国产巡洋舰“平远”号和从福建调入的“福龙”号鱼雷艇。光绪十七年（1891）帝师翁同龢任户部尚书，这一年“因部库空虚，海疆无事，奏明将南北洋购枪炮船员、机器暂停二年”。而此前两年，光绪大婚，极尽奢华排场，花费550万两银子（“定远”舰舰价140.9万两，镇远舰舰价142.48万两），此时户部也着实亏空。难怪李鸿章要抱怨：“枢密方议增兵，三司已云节饷，军国大事岂真如此！”刘铭传听说后也愤言：“人方基我，我乃自决其藩，亡无日矣！”

从1888年起，日本平均年投入海军军费约合七八百万两白银，是北洋舰队的四五倍。甲午战争前一年，明治天皇又决定，此后六年，每年拿出30万元帑银用于海军建设，这已超过皇室开支的十分之一。此举带动了政府官员主动献出四分之一薪俸用于造舰，全日本上下掀起了一股支持海军的热潮。明治天皇一日一食做出表率，甚至连在南洋从业的日本妓女都把钱捐给国家发展海军。甲午战争的背后，实际上是已具有近代经济基础的民族国家日本与停留在中世纪的君臣上下、小农经济的清朝之间的决战。

更有甚者，为了慈禧太后的颐养和寿辰，光绪十一年至二十一年（1885—1895），清廷一直在进行三海（南海、中海、北海）工程和颐和园修建。据陈先松的研究，颐和园工程经费800多万两，除本为颐和园工程而筹的"海军巨款"息银30多万两外，属于"挪用"性质的海军衙门经费数额700多万两，而"挪用"的海防专款60多万两。台湾学者王家俭考证认为，整个"三海工程"和颐和园工程，海军衙门可查拨款为232万两白银。在日本尽全国之力扩军备战时，清廷反将有限的银子花在各种"面子"工程上，以致北洋海军很快落后于日本。此外，各洋海军各自为政，划疆而治，旗语不通，堂堂一国海军，竟然没有统一的指挥战略、协作规划，加之误购外舰、操练不精、管理混乱、士气低落、军纪败坏，有不少官兵还为烟毒所害……最后被日本全面击破。不能不令人喟叹！

此外，战前整个清朝的舆论对日本极为轻视，两国经济和观念上存在着相当大的差异。甲午战前日本军费占财政支出的比例长期维持在20%以上，巅峰时竟占40%。光绪年间，北洋海军年均军费约130万两白银，仅占财政收入的 1.6%。早在 1877 年，日本就尝试发行公债进行战争融资。甲午战争中，所募集的公债已达 1 亿多日元。当时日本的银行已达 218 家，而此时的清朝没有一家国有银行，缺乏近代融资手段，靠传统的当铺、票号和钱庄，根本无法迅速筹资，导致战时只能望“银”兴叹。

遗憾的是，整个大清，只有李鸿章等少数人知道北洋舰队的实力，不过是“纸糊”的光鲜。当时光绪亲政不久，很想在朝野树立威信，加之帝师怂恿，所以坚决力战。此时的日本，经过数年备战，已是兵精舰利，粮饷充足，士气提升，管理严格，各项保障业已就绪，已经具备与清军叫板的实力了。

日军入侵朝鲜后，李鸿章看出其侵略中国的意图，举荐刘铭传任主帅，光绪帝也诏准。只是李鸿章数次联系时，都被婉拒。六月，李鸿章继续让李经方和刘盛休去电劝说，可惜刘铭传早已重病缠身，“目昏耳聋，万难应召”。至八月平壤之役，清军一败涂地，日军逼近国门，情势危急，李鸿章在催逼无法后，只得回复清廷：“传两耳聋闭，左目早废，仅剩右目一线之光，畏见风日……左边手足麻木，难以行动……接前敌电，不胜愤懑，无奈病难速愈，耳聋目暗，不能陛见……庚午、甲申皆奉谕即行，如稍可撑持，公谊私情，断不敢托词推诿，请代电奏，乞思赏假调养云……微闻病情，尚非假托。”此时的刘铭传已耳聋目暗，加之长子和妾室相继过世，连遭打击，生命已经接近终点。只惜英雄迟暮，空怀义愤。

黄海海战前，日军又从破译电报中获知北洋海军将在大东沟登陆，于是设伏，致使北洋水师再遭惨败。李鸿章赴日谈判时，清廷仍旧没有更换密码，李与朝廷的密电内容及中方的底线，全为日方所获，导致后面和谈进程完全为日方所掌控。



可叹，李鸿章于光绪二十一年（1895）代表清廷被迫与日本签订了《马关条约》。通过这一不平等条约，日本割占了台湾省、澎湖列岛以及辽东半岛。当时清朝赔款、支付日本驻军和赎回辽东半岛的费用一共是白银2.315亿两，相当于战前清廷年财政收入的3倍，日本实际得到的是3.58亿日元，是1894年日本年财

清末法国政治漫画，列强正在瓜分中国

政支出的 4.6 倍。这笔血腥赔款，为当时只有 4000 万人口的日本提供了近代化所需的雄厚资金，使其迅速完成资本的原始积累，跻身于现代化强国之列。更严重的是，这场战争让列强看破清廷，掀起了瓜分中国的狂潮。而洋务派希望通过洋务运动进行自强、崛起的梦想也就此破灭。曾经“意气高于百尺楼”的李鸿章，只落得个“秋风宝剑孤臣泪，落日旌旗大将坛”的悲叹。

当噩耗传到安徽刘新圩，刘铭传痛不欲生，台、澎等被割无异于剜心之痛，沉疴已久的他遭到致命一击，随即吐血病倒。在日军占领全台后第二个月，即 1896 年 1 月 12 日，刘铭传病故于六安刘新圩。

刘铭传去世后，他所励精图治的台湾，被日本窃据了整整 50 年。宣统三年(1911)梁启超游台时，不少刘铭传在台遗迹已被日本人破坏。他在《台湾杂诗》第二首中说：“桓桓刘壮肃，六载驻戎轩。千里通驰道，三关巩旧屯。即今非我有，持此欲谁论。多事当时月，还临景福门。”并自注曰，“台北省城，亦壮肃所营，今毁矣，独留四门以为饰，景福门即其一，余频过其下。”在游台第三封信中说：“刘壮肃所营故城毁矣，留其四门以作纪念，今屹然于西式垩室与东式木屋之间，日过其下，刿心怵目，故抚署今为总督府……得一绝云：‘几处榱题敞旧椽，断碑陊剥草成烟。伤心最有韩南涧，凝碧池头听管弦。'”游台诗第四首道：“荡荡台中府，当年第一州。桑麻随地有，城郭入天浮。江晚鱼龙寂，霜飞草木秋。斜阳残堞在，莫上火墩头。”并自注，“刘壮肃本拟建台中为省治，筑城，工未藏而去位，今城亦毁，移城门一角于火墩头。”

刘铭传去世后，他的台湾实业开发计划成果及相关资料，被日本人沿袭或参考。梁启超认为：“刘壮肃治台六年，规模宏远、经划周备，后此日人治绩，率袭其旧而光大之耳。鸡笼至新竹间，铁路二百二十余里，即壮肃旧物。其他新辟客轮舟车之道，尚数百里，鸡笼、澎湖、沪尾诸炮台，皆壮肃手建。”

刘铭传在台清赋、抚番的文献也被日本人收集、汇编，成为其后清丈、抚番的重要参考。刘铭传时期设计的龟山水电站文献亦被日本人所获，由实业家土仓庄三郎建造出500千瓦水电站，以后又为日本驻台湾总督府扩建。刘铭传在台湾铺设的由沪尾至福州、安平至澎湖两条海底电缆，亦被出卖给日本。在继任官员几乎将刘氏成果毁坏殆尽之时，作为敌方的日本人却能学习并利用。时人慨叹：“刘氏肇其端，而日人收其用，悲夫。”

大厦将倾，英雄无奈。梁启超辛亥之行，感触尤深，他在《游台湾追怀刘壮肃》中追溯了这段沉痛的历史：

梦来风恶鼍涎腥，上相出临城下盟；
燕云投赠自古有，珠崖弃捐谁输赢？
可怜将军卧大榻，眼中幢幢百鬼狞；
噩梦惊起月坠海，鹿耳鲲身山自青。

## 六、余　论

中国改革开放以后，学界开始重新认识、评价刘铭传。海峡两岸之间也因为刘铭传筑就的纽带，开启了学术界、教育界、文艺界以及政界的一系列联系和交流活动。

刘铭传的家乡，当地政府近年出资重新修缮其墓园。在辗转多年之后，2011 年 4 月，刘铭传的骨灰终于在故乡肥西县大潜山附近入土为安。

刘铭传是一个为台湾筑梦的人，他想筑就的是近代化富强之梦。而且，他不仅限于筑梦，更是开始初步实践这一梦想。追溯一生，他从一个乡野少年、草莽英雄成长为淮军干将；从戎马倥偬，至“生当有爵”、封妻荫子；从回归田园，到再次出山、抗击法军，最后成为封疆大吏；从百废待兴、清丈抚番、破除西人垄断，到引进科技、从各方面建设台湾，终于奠定台湾的近代化的大业。他才兼文武，治兵用奇；一生起伏跌宕，但个性坚毅，眼界开阔，与时俱进。不论御敌或建设，虽历经千难万险，仍在披荆斩棘中昂扬前进，“溯其功业，足与台湾不朽”！

# 参考书目


1. 台湾银行经济研究室辑:《刘壮肃公奏议》,台湾文献丛刊第27种,1958年版。

2. (清)李鸿章撰,(清)吴汝纶编:《李文忠公全集》,金陵刊本,1905年版。

3. 赵尔巽等:《清史稿》,中华书局2015年版。

4. 连横:《台湾通史》,商务印书馆1983年版。

5. 台湾省文献委员会编:《台湾先贤行列专辑》(第六辑),1979年版。

6. 戴逸:《从大清史角度看待刘铭传保台建台的意义》,《学术界》2006年第1期。

7. 姚永森:《刘铭传——首任台湾巡抚》,时事出版社1985年版。

8. 伯琴:《法军侵台档》,文海出版社有限公司。

9. 尹章义:《东西洋人眼中的刘铭传》,台北文献第189期。

10. 马幼垣:《靖海澄疆——中国近代海军史事新诠》,中华书局2013年版。

11. 姜鸣:《龙旗飘扬的舰队——中国近代海军兴衰史》,三联书店 2014 年版。

12. 廖宗麟:《何尝“舌战退孤拔”——兼评连横〈台湾通史·刘璈传〉》,《学术论坛》1998 年第 1 期。

13. 谭伯牛:《战天京:晚清军政传信录》,中国工人出版社 2004 年版。

14. 黄尊严、陈德金:《明治天皇与甲午战争》,《文史哲》2002 年第 6 期。

15. 廖宗麟:《试论刘铭传“弃基保沪”的战略意义》,《河池师范高等专科学校学报》2000 年第 3 期。

16. 何平立:《是“弃基保沪”还是牵制战略——略论刘铭传基沪战役战略意义》,《军事历史研究》2006 年第 1 期。

17. 戚其章:《甲午战争史》,上海人民出版社 2014 年版。

18. 宗泽亚:《清日战争》,世界图书出版公司 2012 年版。

19. 黄振南:《关于淡水之役的几个问题》,《军事历史研究》1996 年第 4 期。